RADIOACTIF

PIERRE BOUTEILLER

RADIOACTIF

Souvenirs

ROBERT LAFFONT

ISBN 2-221-10398-X

Cela faisait plusieurs années que Nicole Lattès me harcelait – au sens éditorial du terme – pour m'inviter à me mettre à la tâche : une perspective que je faisais reculer sous des prétextes divers allant de la surcharge de travail à la fausse modestie.

Et puis est arrivée par une dépêche AFP l'annonce officielle de mon éviction de Radio France : quelques minutes après, Nicole Lattès me rappelait, suggérant – tout sourire (ça s'entend au téléphone) – que question « surcharge de travail », c'était râpé, et qu'il était temps de passer à l'acte.

Admiratif, je me suis dit qu'une maison d'édition où on suit l'actualité des médias d'aussi près ne peut pas être complètement mauvaise et je rendis les armes, que d'ailleurs je n'avais pas.

Me voici donc au pied du livre ! Je vais essayer de me tenir à mi-chemin des deux tentations antagonistes : prendre la posture, à la limite néogaullienne, dans le genre : « Je me suis toujours fait une certaine idée de la radio » ou tomber dans l'autodérision insincère : « La meilleure invention après la radio, c'est le bouton qui a permis de l'arrêter. »

La radio? J'ai commencé par la regarder, avant de l'entendre, de l'écouter puis de la pratiquer.

La regarder? Oui! Vous avez bien lu. En remontant dans mes souvenirs d'enfance (rassurez-vous – je ne m'étendrai pas), j'ai encore en mémoire ces soirées où, avec mes parents et mon frère Jacques, nous nous réunissions autour d'un objet en bois à cadran lumineux. À l'époque, on disait un « poste de TSF », mais l'appellation officielle était, je crois, un « super hétérodyne cinq lampes » ou, plus familièrement, un récepteur radio. Le premier appareil familial dont j'ai souvenance était d'une marque aujourd'hui disparue : « ONDIA ». Dans les années 1940-1950, le matériel, c'était du sérieux, du solide et du performant : trois gammes d'ondes – ondes longues, ondes moyennes, ondes courtes –, cinq lampes, une prise pour un HPS (haut-parleur supplémentaire) et une autre pour le PU (« Pick-up »). Nous ne le possédions pas encore, mais – patience – il finit par arriver et nous permit d'écouter les 78-tours de Léo Marjane,

Pierre Dudan, Rina Ketty, Maurice Chevalier, Jacques Pills, Renée Lebas, etc.

C'est donc sur ce « bon vieux poste », vendu aujourd'hui des fortunes dans les brocantes des week-ends d'Île-de-France, que nous écoutions les programmes proposés par le Poste parisien, la Chaîne parisienne, Radio Luxembourg, Radio Monte-Carlo, Radio Sottens, que sais-je encore... Mon enfance a été – non pas « bercée », comme on dit – mais accompagnée, ou plutôt « sonorisée » par des émissions dont je peine à me remémorer tous les titres. Je pourrais citer, pêle-mêle, eh bien, justement, le « Pêle-Mêle », cette heure (ou deux ?) de variétés où scintillaient les étoiles de l'époque : Irène Hilda, Bourvil, Fred Adison, Ray Ventura et les autres. Pour être précis, il faudrait dire le « Pêle-Mêle Cadoricin » – Cadoricin était une marque de shampooing aujourd'hui disparue. Déjà, les publicitaires avaient bien compris que, pour être le plus efficace possible (on ne disait pas encore « optimiser »), il fallait associer le titre d'une émission à la marque de l'annonceur : « Pêle-Mêle Cadoricin » donc, mais aussi « Festival Lux », « Dans les mailles de l'inspecteur Vitos ». Ce genre de programme nous réunissait autour du poste, lors de soirées relativement courtes : à cette époque, tel un Monsieur Jourdain d'un mode de vie proustien, « longtemps je me suis couché de bonne heure... ».

Nos horaires du soir étaient, en effet, calés sur ceux de la TSF dont le « prime time » commençait parfois avant l'heure du dîner... Ces programmes étaient-ils « fédérateurs » ? Fabriquaient-ils du « lien social » ? On ne se posait pas ces questions récurrentes de nos jours dès lors qu'il est question d'audiovisuel. En ces années-là, « l'audiovisuel » se limitait à « l'audio ». « Lien social », peut-être. Lien familial, pas toujours : mes parents n'étaient pas forcément d'accord sur le choix du programme. Ma mère aurait bien aimé écouter une retransmission de la Comédie-Française, présentée par Jean Toscane, speaker vedette auquel les mauvaises langues prêtaient cette perle (qu'on n'a jamais pu vérifier) : « Mesdames et Messieurs, en direct de la salle Richelieu, voici *Un caprice d'Alfred...* de Musset ! » Mon père, lui, préférait les reportages en direct où André Bourillon commentait les parades du goal Darui et où Georges Briquet s'extasiait sur l'ascension du Tourmalet par Jean Robic... Quant à nous, les enfants, on ne crachait pas sur les « variétés » mélangeant les vedettes du moment (Maurice Chevalier, Jean Sablon, Patrice et Mario...) aux séquences les plus affligeantes où des spectateurs de ces émissions publiques étaient mis à l'épreuve (« Cent francs par seconde », « Y a un cheveu », etc.). Et, comme la publicité était déjà omniprésente, nous n'avions aucun mal, mon frère et moi, à reprendre en chœur les réclames à forte dominante cosmétique :

« La brillantine
La meilleure, la plus fine,
Mais oui, c'est la
Brillantine Roja ! »

Ou encore :

« La Silvikrine
La Silvikrine

Nourrit l'cheveu
Par la racine. »

L'archétype restant tout de même cet immortel refrain dont l'argumentaire demeure, à jamais, désarmant de subtilité euphémique :

« Dop, Dop, Dop,
Dop, Dop, Dop,
Adoptez
Le shampooing Dop ! »

Je ne saurais imposer au lecteur la liste – même non exhaustive – de mes souvenirs radiophoniques de l'époque. Mais il faut attribuer une mention spéciale à un rendez-vous quotidien diffusé à midi et demi, animé par des présentateurs dont j'ai oublié les vrais noms, mais pas les pseudonymes d'antenne – Troubadour et Baladin. Formant un trio célébrissime avec « le Marquis », alias Saint-Granier, ils ont fait chanter la France entière pendant des années en rassemblant les foules sur les places publiques – et les autres autour de leur récepteur. Personne ne voulait manquer ce moment culturel et choral intitulé « On chante dans mon quartier », plus connu par la suite sous l'appellation de « Ploum Ploum Tralala ».

« Ploum Ploum Tralala », « Quitte ou double », « Vas-y Zappy » : ma famille bénéficiait d'une formation culturelle accélérée grâce aux ondes hertziennes... Mais il faudrait être de mauvaise foi pour réduire la radio de l'époque à un simple divertissement. D'autres programmes prouvaient qu'il n'y avait pas seulement une « radio de digestion », mais aussi une radio de réflexion. Aussi, parmi les souvenirs un peu confus de cette « enfance à l'ombre des récepteurs », je conserve celui d'un rendez-vous régulier (hebdomadaire, quotidien ?) intitulé « Tribune de Paris », dont l'indicatif – quelques notes (sol do sol do), jouées sobrement au basson – précédait cette ambitieuse profession de foi : « Les hommes, les événements, les idées à l'ordre du jour ». L'animateur en était un journaliste inconnu, dont on devait entendre parler par la suite, Paul Guimard. Il y était question de politique, d'économie, d'histoire, de culture... Je ne comprenais pas tout mais, plus ou moins consciemment, je sentais que cette « Tribune de Paris » m'aidait à ne pas grandir idiot...

On l'aura compris : la radio tenait une place importante dans une enfance et une adolescence sans histoires. Pendant longtemps, elle a été « l'objet familial » qui nous réunissait et que – je le répète – on finissait par regarder. Je n'irais pas jusqu'à dire qu'elle remplaçait les amis que nous n'avions pas, mais il y avait un peu de cela. Non pas que nous fussions renfermés, associables ou méfiants ; des amis, nous en avions, mais nous ne les conservions pas. La profession de mon père nous obligeait à changer de ville tous les trois ans. Il a fait toute sa carrière à la Banque de France : après avoir gravi tous les échelons, il a fini directeur de différentes succursales en province. À peine le temps de se faire des amis, il fallait les quitter pour s'en faire d'autres ailleurs, et ainsi de suite. C'était un peu une vie de fonctionnaires, même si ce n'était pas le statut des « agents » de la Banque de France.

Cette vie à la fois nomade et provinciale n'était ni exaltante ni ennuyeuse : certes, sans le dire, sans vouloir le reconnaître, nous étions tous les quatre frustrés de ne pas avoir un véritable enracinement, quelque chose qui aurait ressemblé à une « maison de famille », mais, d'un autre côté, cela évitait de s'encroûter. On voyait du pays : Rennes, Angers, Le Havre, Marseille, Sedan, Limoges, Saint-Malo, Compiègne, autant de noms – entre autres – qui marquent ma géographie personnelle. Quant à l'Histoire, elle se faisait sans nous : nous n'en étions pas les acteurs mais parfois les témoins, et quelquefois les victimes. Ainsi, je revois encore mon père faire des dizaines de kilomètres à bicyclette pour ramener à la maison des topinambours, faute de trouver des pommes de terre, considérées comme produit de luxe sous l'Occupation. Ce n'était pas très original; comme la plupart des Français des années 1940, nous ne pensions qu'à une chose : ne pas crever de faim. Les privations, je savais ce que cela voulait dire, et je ne l'ai jamais oublié. Pas plus que je n'ai oublié les pièces sans chauffage, les engelures, le poêle à sciure, les biscuits vitaminés à l'école, la 402 Peugeot à gazogène... On va arrêter là : je n'ai pas l'intention de faire pleurer Margot, ni quiconque d'ailleurs. Et puis, pour l'enfant que j'étais, ces « temps obscurs » sont passés vite. J'ai gardé quelques images, hélas pas très glorieuses, de la Libération : des femmes tondues et des résistants de la onzième heure attendant le départ des derniers Boches pour mettre des brassards « FTP » à Saint-Léonard-de-Noblat, tout près de Limoges, où mon père était en poste, et non loin d'Oradour-sur-Glane dont j'ai vu les ruines peu après le massacre...

De tout cela, nous parlions peu. Par une sorte de convention implicite, mes parents n'abordaient que rarement, devant leurs deux enfants, les sujets douloureux, comme s'ils avaient voulu nous protéger le plus possible. La réalité n'était déjà pas drôle, si en plus il fallait la commenter ! Et puis, il faut le reconnaître, nous formions une famille pas tellement causante : on se parlait, certes, mais disait-on beaucoup de choses ? Mes parents, cathos pratiquants, n'étaient pas précisément des rigolos. Ma mère vouait un culte à la Vierge Marie. Notre adolescence se situant avant les possibilités de la contraception, nous la raillions avec cette formule : « Oh Marie, pleine de grâce, vous qui avez conçu sans pécher, faites que nous puissions pécher sans concevoir ! » Cela ne faisait pas rire du tout ma mère... Mon père, « catho, ma non troppo », ne détestait pas lui ce genre de plaisanteries tentant d'ébranler les croyances maternelles qui confinaient aux certitudes et qu'elle exprimait par une fréquentation peut-être excessive des lieux de culte : messes, vêpres, complies, saluts, processions, chemins de croix, veillées, retraites... Il était difficile de la prendre en défaut dans un parcours liturgique qui – même à l'époque – forçait l'admiration. Mon frère et moi, on ne pouvait pas suivre, même s'il nous est arrivé de servir la messe, sans enthousiasme, il faut bien l'avouer. Et puis, pour deux adolescents ballottés entre les collèges religieux et les établissements laïcs, ce n'était pas facile de se forger des convictions. Passer tous les trois ans de la soutane militante à « l'école sans Dieu », où les héritiers de Combes bouffaient du curé à tous les repas, préparait efficacement aux débats actuels sur les places respectives de la religion et de la laïcité.

Mais, de tout cela, mon frère et moi n'avions cure (sans jeu de mots). Ce qui comptait pour nous, c'était la musique. Rien ne nous prédisposait pourtant à cette dilection. Mes parents devaient – sans le savoir – faire partie du « club des gens qui n'aiment pas la musique et préfèrent en entendre un quart d'heure de mauvaise qu'une demi-heure de bonne ». Et j'entends encore mon père massacrer *La Valse brune* sur le piano familial, sous nos yeux et nos oreilles navrés.

Par quel mystère contre-héréditaire, nous, les enfants, sommes devenus des passionnés de musique, de toutes sortes de musiques? Chacun dans son genre, nous avons pratiqué le piano demi-queue Erard (cadre en bois) que mes parents considéraient moins comme un instrument de musique que comme un élément du mobilier : on y posait les tasses à café, les plateaux à liqueurs, et les photos de famille dont celle de mon frère en premier communiant nimbé d'une « lumière Harcourt » qui illumine encore ma mémoire...

Sous nos doigts, ce meuble redevenait un piano où se posaient Mozart, Schubert, Beethoven ou Erroll Garner, Teddy Wilson, Art Tatum, c'était selon. Pour ce qui était du classique, mon frère « assurait », comme devaient le dire plus tard les musiciens de jazz. Bon lecteur, excellent déchiffreur, gros travailleur, il finissait par passer huit heures par jour à son clavier, au point que mes parents ont décidé de l'envoyer en pension pour qu'il étudie autre chose que la musique, ce qu'il réussit parfaitement d'ailleurs : mentions aux baccalauréats (il y en avait deux...), Sciences-Po, belle carrière dans la banque : un motif de fierté pour eux, surtout comparé à moi qui ai mal tourné puisque j'ai fait radio...

On l'aura compris, mon approche de la musique n'était pas la même : le solfège, les gammes, les exercices de Hanon ou Czerny, je trouvais tout cela assommant. Je n'avais pas envie d'apprendre avec un (ou une) professeur revêche – forcément revêche – qui m'aurait soumis à la dictature du métronome et aurait répété la vieille antienne des profs de piano : « Les doigts doivent être comme des petits marteaux... »

Je préférais me fier à ma mémoire, et surtout à mon oreille, qui n'était pas extraordinaire mais tout de même assez fiable pour que je pusse entendre un thème et le reproduire à peu près fidèlement. Je n'avais pas, à proprement parler, l'oreille absolue, mais je m'en approchais. Disons, pour simplifier, que j'avais l'oreille relativement absolue, ou absolument relative (au choix...).

C'est ainsi que je me suis formé une manière de jouer assez personnelle, totalement hétérodoxe, avec des doigtés plus inspirés par Chico Marx que par l'enseignement des conservatoires... Il n'empêche, je jouais pratiquement tout ce que je voulais, classique excepté, hélas ! Et, là encore, la radio a joué un rôle déterminant. Ma mémoire musicale s'est nourrie de ce que j'entendais sur toutes les gammes d'ondes, et notamment la BBC, qu'on entendait parfaitement lorsque nous habitions Saint-Malo, dans un de ces logements de fonction qui contribuaient à la renommée de l'exception française : quinze pièces pour quatre personnes, c'était supportable...

« BBC one », « BBC two », « Light program », j'étais branché en permanence sur les émetteurs britanniques diffusant toutes sortes de programmes musicaux : le jazz, bien sûr, mais aussi les comédies musicales, les opéras, et surtout les retransmissions, les fameux « Promenade Concerts », en direct du Royal Albert Hall de Londres, qui m'ont fait accéder au grand répertoire symphonique.

Ainsi, grâce à la radio – que j'avais cessé de regarder mais que j'entendais et écoutais – et aux premiers microsillons 33-tours, ruineux comme tout ce qui est nouveau, j'ai appris la musique « sur le tas » (le tas de quoi ? on ne saura jamais...), comme le piano et le tennis. J'incarnai sans le savoir le personnage sartrien de *La Nausée* en devenant un autodidacte de la vie.

1

« 1 647 m GO »

Autodidacte ? Je l'étais encore dans mes débuts professionnels. Je n'avais pas la vocation de la radio, pas plus qu'aucune autre d'ailleurs. À la question : « Que feras-tu quand tu seras grand ? », je n'ai jamais su quoi répondre, anticipant vaguement que je ne serais jamais grand (la suite devait me donner raison...). Et, si on me poussait dans mes retranchements, je m'en tirais en évoquant les professions improbables de pianiste de bar ou de vétérinaire ; tout simplement parce que je tapais déjà du piano et que, comme tous les ados, j'aimais les chiens et les chats...

Mais, question radio, si j'y suis venu, c'est à la suite du seul concours que j'aie vraiment gagné : un concours de circonstances.

À la fin des années 1950, ce n'était pourtant plus le temps de la lampe à huile et de la marine à voile, comme disait le Général, mais pour les jeunes gens d'aujourd'hui, évoquer nos distractions d'étudiants d'après-guerre reviendra sûrement à décrire le temps des Croisades ! En 1955, je poursuivais donc mollement de vagues études de psychologie à la Sorbonne. Si mollement que je ne les rattrapais jamais à temps. Ma passion c'était la musique. Entre autres, le jazz. Avec quelques amis nous avions formé un petit groupe dont j'étais le pianiste et, pour nous faire trois sous afin d'acheter les disques de nos idoles – Charlie Parker, Count Basie, Fats Waller, Art Tatum, Ellington et Fitzgerald... –, nous courions le cacheton dans les clubs du Quartier latin. Sans grand succès, il faut bien l'avouer.

Et, alors que nos parents se réunissaient, le soir ou pour les grandes occasions, comme le couronnement d'Élisabeth d'Angleterre, chez leurs rares amis à posséder un poste de télévision, nous, les « jeunes », nous nous retrouvions chez celui d'entre nous qui possédait la meilleure radio pour un rendez-vous que nous n'aurions manqué pour rien au monde. Chaque soir, à 22 heures, sur 1 647 m GO – fréquence d'une nouvelle radio, dite « périphérique », qui nous emballait par la modernité décoiffante de ses animateurs et journalistes –, Frank Ténot et Daniel Filipacchi parlaient à « ceux qui aiment le jazz ». Ils nous faisaient découvrir de nouveaux enregistrements, que nous n'avions pas les moyens de nous offrir, nous qui achetions nos vinyles d'occasion. Et, ensuite, nous nous essayions, maladroitement, à imiter nos idoles.

Ces deux heures-là m'ont donné envie d'écouter le reste. Et j'ai découvert une radio qui, pour l'époque, était carrément révolutionnaire dans la forme. Par rapport à « Paris Inter », la grande radio nationale, où des speakers compassés déclamaient des informations écrites par d'autres et annonçaient concerts et dramatiques du même ton « Comédie-Française », Europe n° 1 nous donnait l'impression d'être de plain-pied dans la vraie vie. C'étaient les journalistes eux-mêmes qui lisaient leurs papiers, il y avait beaucoup de reportages, certains en direct – une grande nouveauté alors ! –, et, dans les tranches de programmes, c'étaient des « meneurs de jeu » allègres et naturels qui faisaient le lien.

Un génie de la radio, Louis Merlin, qui était allé aux États-Unis voir et écouter ce qui se faisait là-bas, avait acclimaté les recettes yankees à l'air du temps hexagonal. Il a su, aussi, trouver les hommes pour le faire, comme Maurice Siégel. Résultat, en ces années-là, Europe n° 1 avait, d'un seul coup, ringardisé toutes les autres radios. Comme *Paris Match* l'a fait en son temps parmi les news magazines. Comme Canal le fera, plus tard, pour la télévision.

La coupe des reporters

Europe n° 1 m'était devenue aussi indispensable que l'air que je respirais. Je n'ai plus eu qu'un désir : « en être », moi aussi. Un jour, une annonce a été diffusée à l'antenne pour recruter des candidats pour une « coupe des reporters » qu'organisait la station. J'ai écrit. J'ai été convoqué. C'était Pierre Laforêt, une « star » de la radio à l'époque, qui s'occupait des éliminatoires. D'abord il y avait des essais de voix : les bègues, les nasillards, les zozotants étaient écartés sans pitié. Ensuite, il nous fallait affronter des épreuves pas si simples pour des néophytes. Ainsi, on nous faisait entendre, dans un haut-parleur, une ambiance : de la foule, des discours, des phrases, des bruits divers. Il fallait, comme ça, à la suite, en faire un commentaire, comme un vrai reporter qui a assisté à un événement, et le raconte à l'antenne. Ou bien on nous projetait un bout de film muet ou d'actualités télévisées, et à nous de faire le papier allant avec, directement, sur les images. Il y avait aussi des questions, posées par un aréopage de célébrités : Philippe Bouvard, Pierre Lazareff, Pierre Brisson, entre autres. Une des questions que l'on m'a posées c'était : « Vous avez connaissance d'une information très importante à caractère boursier. Est-ce que vous appelez tout de suite votre journal ou bien vous faites d'abord une opération personnelle pour en tirer profit ?... » C'était un bon moyen de comprendre que l'hypocrisie peut être une qualité indispensable au journaliste ! Et puis, comme Europe avait déjà un joli poids dans le show-biz, chaque semaine nous étions, l'un après l'autre, confrontés à une vedette. Le cahier des charges était : il, ou elle, est très pressé. Vous n'avez droit qu'à une seule question. Elle doit être bonne. Allez-y !...

Nous étions plusieurs dizaines de postulants. Au fil des éliminatoires, nous nous sommes retrouvés trois en finale : Philippe Labro, Michel Anfrol et moi. Labro a recueilli neuf voix, moi huit et Anfrol zéro. Dans sa grande magnanimité le jury a décidé que Philippe et moi étions ex-æquo. Et nous avons tous deux été engagés au « journal parlé ».

« Paul Pelletier »

Engagés ? Pas vraiment en fait. Nous étions stagiaires. Le micro restait le Graal, et pour le toucher, sans tomber dans la basique « raffarinade », la « route était longue » et semée d'embûches. Nous étions chargés de rédiger des « bulletins blancs », à partir des infos qui tombaient sur le fil AFP. Ces papiers étaient corrigés et, éventuellement, retenus par les journalistes qui faisaient les bulletins. Nous étions, bien sûr, taillables et corvéables à merci. Nous faisions la nuit, le jour, les week-ends, les jours fériés. Et nous devions passer d'un sujet à l'autre : politique, étranger, économie, faits divers... Je peux dire qu'à part le sport, j'ai tout fait. Mais le sport, ça non. Tout de suite j'ai demandé à en être exempté. Autant j'aime en pratiquer certains, à l'occasion, autant je suis allergique à leur commentaire. On m'a trouvé bizarre – tout le monde adorait ça –, mais j'ai obtenu d'être réformé pour les stades !

Ce qui était drôle, c'est qu'on avait tous le même nom : les journalistes débutants étaient invariablement affublés d'un seul pseudonyme : Paul Pelletier ! Comme ça, si on ne faisait pas l'affaire, si on ne restait pas, un autre arrivait, et il y avait toujours le même Paul Pelletier pour faire le bulletin d'infos de 3 heures du matin ! Vis-à-vis des auditeurs, ça faisait plus sérieux...

Et, petit à petit, j'ai fini par apprendre mon métier. Europe n° 1, c'était la meilleure école de journalisme, nous apprenions sur le tas, en étant, parfois, les « soutiers » des bons pros.

Aujourd'hui, il paraît que c'est dans les écoles que l'on apprend cela... À ce que je lis et à ce que j'entends, j'ai l'impression qu'on y apprend surtout à tous se ressembler dans l'à-peu-près : à la radio notamment, il suffit de savoir désannoncer un disque de Lorie et lancer une plaisanterie de garçon de bain pour se prendre – et être pris ? – pour une star. Autre temps... En 1958, à Europe, il fallait tout faire soi-même : prise de son, montage, mixage. Quand on arrivait à l'antenne, le reportage et le commentaire qui passait, c'était notre boulot, de A à Z. Tout cela grâce au Nagra, ce prodigieux magnétophone – qui pesait quand même un âne mort, mais qui a donné aux reporters autonomie et réactivité.

C'était une époque formidable pour nous, pour moi. Europe était une radio jeune qui n'avait pas toutes les lourdeurs de Paris Inter et que le pouvoir ne pouvait pas mettre aussi facilement sous sa coupe. C'était aussi le début de la Ve République, le gaullisme triomphant, la décolonisation, la guerre d'Algérie, l'explosion du transistor, puis la vague yé-yé, avec la déferlante du 45-tours, et la nouvelle vague au cinéma. Il y avait le choix pour ceux qui avaient envie de percer, réussir, arriver (oui, mais dans quel état !) – à l'époque, on ne disait pas encore « gagner » : ça tombait bien : on gagnait, mais très peu. Et ce qu'on ne « gagnait » pas en argent, on le retrouvait en considération. C'était mieux que rien...

Libres ?... Vi-vi-ben non !

Par rapport à la radio publique, que nous surnommions méchamment – mais non sans raison... – « Radio Mongénéral », voire, irrespectueusement, « Radio Pariment », en hommage aux chroniques londoniennes de Pierre Dac durant l'Occupation, nous avions le sentiment d'être des journalistes libres. Aussi libres, pensions-nous, qu'on peut l'être.

Devenu membre à part entière de cette honorable confrérie par l'obtention tant désirée de la fameuse carte barrée de tricolore – n° 16942, sésame symbolique que j'ai conservé, année après année, jusqu'à aujourd'hui –, j'ai assez vite constaté qu'il y avait tout de même des sujets avec lesquels, non seulement il ne fallait pas plaisanter, mais qu'il valait mieux contourner si l'on ne voulait pas s'attirer les foudres des « grands professionnels » qui nous dirigeaient.

Notre patron, propriétaire largement majoritaire d'Europe n° 1, était Sylvain Floirat, originaire de Saint-Cirq-Lapopie dont il avait gardé l'accent rocailleux et l'allure faussement débonnaire de vieux paysan matois – un paysan est toujours « vieux » et « matois ». Pour lui qui avait créé, et dirigeait d'une main de fer, un groupe dont l'activité quasi unique consistait à vendre des armes à l'État français et, grâce à lui, à ses alliés de la « Francafrique », s'offrir une radio était l'équivalent, pour un industriel du temps de Zola, d'entretenir la plus belle des actrices du boulevard. Il passait chaque matin dans les couloirs et la rédaction prendre ses journaux et distribuer compliments ou remontrances à ses troupes. Ni Maurice Siégel, ni Jean Gorini, qui les dirigeaient, n'avaient besoin qu'on leur rappelle jusqu'où il ne fallait pas aller trop loin. Pas question d'irriter, au-delà du raisonnable, le client principal de l'actionnaire majoritaire. Donc les troupes – nous, en l'occurrence – étaient priées de ne pas « dramatiser ». Je me suis rendu compte en 1966, lors d'un voyage du général de Gaulle à Djibouti, de ce qu'il en coûtait de ne pas savoir « prendre de la distance », comme me le reprocha Gorini. C'était au moment où les derniers pays colonisés en Afrique cherchaient à s'émanciper. À Djibouti, des manifestations contre de Gaulle et la France avaient dégénéré en émeutes. Les soldats avaient tiré sur la foule. Il y avait des morts. Et beaucoup d'arrestations sommaires. Les gens étaient matraqués, parqués dans des camps. Comme j'étais là, je racontais ce que je voyais, et je passais en direct à l'antenne. Du moins le premier jour, car, le lendemain, j'étais enregistré et soigneusement « monté ».

Ce genre de mésaventures, nous en avons tous connu. Car je côtoyais à Europe des journalistes courageux. Philippe Labro n'y avait fait qu'un passage bref. Il était reparti assez vite pour *Marie-France*, puis *France-Soir* où Pierre Lazareff en avait fait son « fils spirituel ». Rue François-Ier, mes amis s'appelaient Jacques Paoli, Pierre Meutey, Julien Besançon et, surtout, Georges Fillioud, Guy Claisse ainsi qu'André Harris qui restera, jusqu'à sa mort, en 1997, un quasi alter ego.

Pendant les dernières années de la guerre d'Algérie, là-bas ou dans les rues de Paris, tous ont pris des risques, non seulement physiques, sur le terrain – personne n'a oublié le célèbre reportage, rue d'Isly, à Alger, de René Duval, lors de cette fusillade tragique –, mais aussi vis-à-vis du pouvoir et de la direction de la station. Je me souviens que Georges Fillioud couvrait les événements de Bizerte en Tunisie où, en 1958, l'armée française avait ouvert le feu. À Paris, il y a eu une manifestation pour protester. Les policiers l'ont tabassé et lui ont confisqué son Nagra. Après échange de conversations entre « supérieurs hiérarchiques » des uns et des autres, la police a dit qu'il pouvait venir reprendre son matériel. Il a refusé et exigé que le commissaire du VIIIe arrondissement vienne à Europe lui rendre le Nagra et lui faire des excuses ! Ce qui fut fait. La direction nous couvrait, mais nous considérait comme des emmerdeurs, pas fiables, faiseurs d'embrouilles et pas assez respectueux...

Pour ça, ils n'avaient pas tort ! Nous étions jeunes, un peu ramenards, nous jouions aux journalistes à la Hemingway (moins la guerre !), et nous avions un esprit potache qui nous poussait à faire des blagues du même ordre.

Ce qui nous mettait en joie, c'était les tics de langage des stars de l'antenne. Avec André Harris, un jour, nous avons fabriqué une fausse dépêche d'agence qui, à partir d'un fait divers banal, reprenait tous les stéréotypes en cours dans la maison. Du genre « Fais-moi une brève, coco », ou « C'est l'angle qui compte, coco, l'angle j'te dis », ou bien

« Pas assez saignant pour Mme Michu, remets-moi une couche d'hémoglobine, coco... ». Des bêtises, bien sûr. Mais affiché sur les murs de la salle de rédaction, notre pastiche n'a pas fait rire...

Nous avions aussi, Harris, Fillioud et moi, inventé un jeu qui permettait au gagnant de se voir offrir une tournée. À chaque visite ou déplacement du général de Gaulle – qui ne voyait plus grand-chose –, nous nous débrouillions pour nous mettre le plus souvent possible sur son passage, avec à chaque fois une étiquette différente pour qu'il nous serre la main : « Bonjour, monsieur l'instituteur, monsieur l'abbé, monsieur le directeur, etc. » Un jour j'ai eu droit à cinq poignées de main, on a arrosé ça !

Albert Ducrocq, notre spécialiste ès sciences en général et du spatial en particulier, était connu pour sa petite voix aiguë. Il avait une expression devenue, pour toute la rédaction, une sorte de gimmick, qui nous faisait hurler de rire. Généralement, pour les événements importants, comme les premiers lancements des fusées américaines à Cap Canaveral, Gorini et lui faisaient un duo à l'antenne. Gorini étant chargé de parler au nom de « Mme Michu », censée ne rien comprendre aux envolées techniques du cher Albert, pour le ramener à des explications plus simples. Et ça donnait à peu près ça :

Gorini : « Dites-moi un peu, Albert Ducrocq, en fait, ce spoutnik dont vous nous parlez, c'est une sorte de cafetière volante ?... »

Ducrocq : « Une cafetière volante ? Vi. Vi, vi... ben non... »

Et ce « vi-vi-ben non » est devenu pour nous le commentaire pour toutes les infos qui se dégonflent.

Un bébé a mordu un chien, ou Onassis épouse Callas, c'étaient des « vi-vi-ben non », évidemment !

Pour en finir avec ce cher Albert Ducrocq (paix à son âme), il avait réussi à laisser Gorini la bouche ouverte. Notre scientifique de service répétait depuis dix ans qu'il était prêt à donner un bras pour faire partie du premier vol spatial habité. Il refusa pourtant de prendre l'avion pour aller assister au départ d'une fusée à Cap Canaveral : il avait bien trop peur !

2

Les années Siégel

Maurice Siégel était le tout-puissant patron de cette belle radio. Après une brillante Résistance, il avait appris son métier dans cette incroyable école de presse qu'a été la « Franpar [1] » après guerre sous la houlette de Pierre Lazareff. Les meilleurs écrivains, les plus grands journalistes écrivaient alors dans ces journaux populaires qu'étaient *France Dimanche*, *France-Soir* et *Paris-Presse*. C'était un personnage pittoresque, avec une voix grasseyante de titi parisien qu'il cultivait volontiers pour accentuer son côté baroudeur-venu-du-populo, du genre qui a tout vu, tout connu et à qui on ne la fait pas ! Surtout des jeunots dans notre genre. Quand je passais faire signer mes notes de frais en rentrant de reportage, j'avais invariablement droit au même numéro : « Alors, Bouteiller, vous savez, à moi, on ne la fait pas. Les notes de frais, ma spécialité, c'était de les donner avant de partir !... »

---

1. Condensé de *France-Soir* – *Paris-Presse*.

Au début, ça impressionnait. Et puis les mauvaises langues de la maison ramenaient la légende du baroudeur à de plus justes proportions. Lorsque Siégel commençait à nous raconter sa meilleure histoire : « Moi, des reportages, j'en ai fait plus de mille. Je me souviens, un jour, avec Gorini, on était allés à l'île d'Yeu pour l'enterrement du maréchal Pétain. On avait loué des bicyclettes et... », tout le monde ricanait en se poussant du coude. Comme il citait invariablement le même exemple, on finissait par se demander s'il n'avait pas fait qu'un seul reportage dans sa vie...

En fait, son champ d'action, c'était Paris, ses rumeurs, ses infos croustillantes, en politique ou en faits divers. Il avait ses réseaux, un sens formidable de la mise en scène de l'info et les puissants le respectaient.

C'est lui qui avait eu l'idée, simple mais géniale, de transposer la construction du journal écrit en radio. Europe fut la première à offrir ainsi des « journaux parlés » comportant les mêmes rubriques que *France-Soir*, qui restait son modèle. Il avait même gardé, pour indiquer aux journalistes ce qui devait être monté en épingle et ce qui était de moindre intérêt, le vocabulaire caractéristique des metteurs en page de la presse écrite : « Ça, coco, tu me le mettras en ital, ça en gras, ça en "bas de casse" (minuscules). »

« Cette maison qui est aussi la vôtre... »

Siégel était à la fois cynique et charmeur. Il avait fait venir, aux débuts de la radio, ses amis, parmi lesquels Claude Terrien, qui était l'éditorialiste du *Populaire*, et Sylvaine Pécheral, qui connaissait tout le show-biz. Puis vinrent Gilbert Lauzun, Jean Gorini et Georges Altschuler, un ancien de *Combat*, spécialiste de politique.

Apprenant qu'Altschuler venait de *Combat*, le quotidien fondé par Camus et qui était plutôt engagé à gauche, j'ai été surpris. Certes, les années avaient passé, mais le bon Georges semblait dorénavant bien plus ami avec la branche disons la plus « interventionniste » du gaullisme qu'avec sa mouvance encore un peu « sociale ». Ainsi, le jour où il a été décoré de la Légion d'honneur par Alain Peyrefitte, alors ministre de l'Information, la cérémonie s'est déroulée dans un studio d'Europe. Et, pour son discours de remerciement, Altschuler a commencé ainsi : « Monsieur le ministre, dans cette maison qui est aussi la vôtre... » Siégel et Gorini ont échangé des sourires, un rien gênés devant cet aveu de la connivence entre le pouvoir politique et une station – phoniquement – indépendante. Deux sourires crispés qui signifiaient : « Bien sûr, cette connivence existe, mais il ne faut pas se faire prendre... »

Gorini et Siégel étaient inséparables. Ils avaient tous deux table ouverte (aux frais de la station) chez Lasserre où ils invitaient, quasiment chaque jour, hommes politiques, grands patrons, stars ou annonceurs. Ils y allaient – à cinq cents mètres d'Europe... – en voiture avec chauffeur, et réapparaissaient vers 15 h 30, voire 16 heures, rouges, congestionnés, assez « gais » et cigare au bec.

Parfois ils nous rapportaient de ces agapes quelques pistes intéressantes à suivre. D'autres fois, c'était l'inverse. Ainsi, un jour j'ai appris, par un coup de fil de l'attachée de presse de Simca, que j'étais attendu à la firme pour « mon » reportage !... Première nouvelle. La direction d'Europe, qui venait de signer avec Simca un joli contrat de pub pour la promotion d'une nouvelle voiture, s'était laissé convaincre, sans trop de difficulté, qu'un « reportage », tout à fait « objectif », dans le journal de 13 heures, serait un « geste amical » bien venu. Siégel, en maugréant bien un peu, mais pas trop, nous demandait de le faire. Pour Simca, j'ai refusé. Ça n'a pas plu. Ce n'était qu'un début.

Au cours de ces « années Europe », j'ai commencé à voir du monde, autrement dit à rencontrer tout ce qui comptait dans les domaines du théâtre, de la littérature, du cinéma, de la musique, des arts – et, bien sûr, la tentation est grande de faire étalage de ces rencontres qu'on croit exceptionnelles alors qu'elles ne le sont pas. Ce serait tout de même malheureux qu'au bout de quelque quarante-cinq ans de métier on n'ait pas eu l'occasion d'approcher, de côtoyer, voire d'« apprivoiser » les grands noms qui font l'actualité du moment. N'importe quel journaliste dans mon cas peut se prévaloir de ces moments vécus comme privilégiés : en réalité, ils sont le quotidien du métier.

Aussi j'essaie de me préserver de la tentation facile du « name dropping » : cette habitude qu'ont certains confrères de lancer quelques noms de stars dans la conversation pour faire croire qu'ils sont de leurs amis et tenter de se « stariser » eux-mêmes. Pour être plus précis, ce ne sont pas les noms que l'on jette mais les prénoms : « Comme me disait Gérard (Depardieu)... J'en ai parlé à Charles (Aznavour)... J'ai déjeuné avec Michel (Houellebecq)... », etc.

Voilà pourquoi j'ai délibérément omis de raconter ici ces rencontres. Toutefois, qu'il me soit permis de faire une exception pour un entretien qui m'a particulièrement marqué et dont je me souviens précisément quarante-quatre ans après. C'était en 1961, lors de la sortie du film de Jean Delannoy *La Princesse de Clèves*, adapté du roman de Mme de La Fayette par Jean Cocteau.

J'avais rendez-vous avec le poète – scénariste – romancier – cinéaste – académicien – peintre – etc. – à son domicile de la rue Montpensier. Le stagiaire que j'étais encore fut accueilli comme si j'étais une sorte de portrait-robot de Pierre Lazareff, Albert Londres, Jean-Jacques Servan-Schreiber, Hubert Beuve-Méry, que sais-je encore... Au point de consacrer plus de deux heures à ce qui aurait pu se limiter à des « propos recueillis par... » selon la formule habituelle, avec – au passage – une remarquable démonstration de « professionnalisme ». Ainsi m'a-t-il demandé de lui préciser quelles questions je souhaitais lui poser, non pas pour exercer quelque censure préventive, mais, m'a-t-il expliqué, afin « d'écrire les réponses que je lirai ensuite, pour que je n'aie pas à chercher mes mots et que vous et vos auditeurs soyez satisfaits ». Ce qui fut fait. Il a demandé à écouter l'enregistrement : il n'en était pas content et a demandé à recommencer, en réécrivant les réponses. On a donc procédé à une seconde prise qu'il a aussi soigneusement écoutée que la première : « Si cela vous va, moi, cela me convient », a-t-il conclu en me faisant le cadeau de l'autographe de cet entretien radiophonique...

Voilà comment Jean Cocteau a commenté pour le tout jeune reporteur d'Europe n° 1 d'alors son adaptation de *La Princesse de Clèves* dont il se plaisait à dire que c'était une « orgie de pureté » !

« Je sors pour vous »

Je ne sais pas comment cela s'est fait : peu à peu, les tropismes reprennent le dessus. Au fil des ans, après avoir couvert les accords d'Évian, la rupture du barrage de Fréjus, pas mal de déplacements du Général, quelques élections, manifestations, grèves et faits divers en tout genre, je me suis doucement fait une spécialité dans cette rédaction qui n'accordait de pré carré qu'à ceux des siens qui avaient fait leurs preuves sur tous les terrains. Mon goût connu pour la musique, mes connaissances en matière de jazz, de classique ou de chanson française m'ont permis de me retrouver plus souvent qu'à mon tour à couvrir les soirs de première à l'Opéra, à l'Olympia – qui venait de conclure un accord de partenariat avec Europe – ou le festival d'Antibes. Je devenais le « Monsieurje-sors-pour-vous » de la radio, ce qui, d'ailleurs, finira par être le titre de la première émission dont je deviendrai producteur. Je me souviens fort bien de la première – il n'y en aura pas beaucoup d'autres... – interview que j'ai faite d'un jeune débutant nommé Johnny Hallyday. C'était en septembre 1961, il « faisait » son premier Olympia dont Bruno Coquatrix était le directeur. Après les questions d'usage sur les raisons de son succès et les « violences » commises rituellement à la fin de ses concerts par des fans déchaînés (violences qu'il déplorait, bien sûr), je ne sais quel ennui soudain me poussa à l'entraîner sur un terrain qui n'était vraiment pas le sien.

« La vie de la nation, la vie politique vous intéressent-elles ?

— Pas du tout, je ne suis pas un fervent de la politique.

— Vous connaissez tout de même le nom du Premier ministre ?

— Bien sûr.

— Qui est-ce ?

— Heu... »

Suit un assez long silence, puis une voix souffle dernière nous :

« Michel Debré. »

Et, sadique, je balance : « C'est Bruno Coquatrix qui vient de répondre. »

Nous étions alors, en ce début des sixties, en pleine vague yé-yé. SLC, le mythique « Salut les Copains » créé en 1962 par Ténot et Filipacchi, était passé du jazz à la chansonnette avec un succès foudroyant. L'émission avait attiré à Europe un auditoire de jeunes fans qui était devenu l'objet de tous les soins de la station. Celle-ci avait même créé une filiale – les disques AZ – pour commercialiser les 45-tours de toutes ces « idoles », et Lucien Morisse, le directeur des programmes, en était devenu le patron. Inutile de dire que les « artistes AZ » squattaient les ondes de la radio et qu'il n'était pas très bien vu d'émettre à leur sujet le moindre bémol. Pas question non plus de critiquer ceux que la maison promouvait par le biais des premières de l'Olympia retransmises en direct. Je fus chargé, lorsque cet accord démarra, de commenter les spectacles et de faire – toujours en direct –, dès le rideau tombé, l'interview de l'artiste « juste sorti de scène ».

J'eus ainsi le privilège d'interroger une jeune débutante qui faisait ses premières armes sur cette scène légendaire où retentissait encore la voix de Piaf. Et, justement, cette petite Mireille Mathieu – puisque c'était elle – s'efforçait d'offrir une copie conforme de l'immense Édith. Sans convaincre vraiment, faut-il le préciser? J'étais un peu énervé, je l'avoue, et je l'ai interrogée sans trop d'égards, avec des questions du genre : « Pourquoi copier au lieu de chercher votre style? Vous n'avez pas l'impression d'être manipulée? Fabriquée par ceux qui s'occupent de votre carrière? » Bref, je n'ai pas été complaisant. Bruno Coquatrix, encore lui, était dans la loge et s'est plaint à Lucien Morisse, qui était coproducteur de l'émission. Peu de temps après, j'ai appris que je ne ferais plus cette émission...

Lorsque j'ai eu mon premier rendez-vous radiophonique, passant ainsi de la « rédaction » aux

« programmes » – pour beaucoup de journalistes, c'était à la fois une sorte de déchéance professionnelle et une source de jalousie féroce –, les problèmes avec Lucien Morisse se sont aggravés. Dans la production des disques AZ je trouvais peu d'artistes à mon goût. Et, dans ma programmation musicale, je privilégiais plutôt Montand, Brel, Trénet, Ferré, Streisand, Sinatra, Holiday, Ellington... Je n'avais décidément pas « l'esprit maison ».

Mai 68 et les « Mélanie »

Lorsque les fameux « événements » de 68 se sont enchaînés, Europe, bien sûr, était aux premiers rangs. Qualifiée même, par le pouvoir, de « radio des émeutiers ». J'étais déjà retiré des affaires question reportages « chauds ». Pour le plaisir je suis allé à plusieurs reprises suivre les manifestations. Mais le festival de Cannes approchait et ça, c'était ma partie.

À l'époque j'avais une Alfa Roméo dont j'étais très fier. Pardon ! Mais oui, je l'avoue, j'étais en pleine période jeune con ! Grâce à Europe, nous ne manquions pas d'essence dans un pays qui redécouvrait les joies de la marche à pied et de la bicyclette. Je suis donc parti vers le sud, muni des précieux bons prioritaires qui me permettraient de rallier Cannes sur des routes divinement désertes. À peine passé le boulevard extérieur, j'ai pu constater que le climat « révolutionnaire » de la capitale n'avait pas gagné l'Hexagone : dès Melun, la France éternelle, paisible et râleuse, vivait sa vraie vie en attendant que ces enquiquineurs de Parisiens reviennent à la raison.

À Cannes, c'était nettement plus agité. Je me suis bien amusé à raconter, au micro, les engueulades, les bagarres, les insultes entre pro- et antirévolution. Godard et Albicoco s'accrochant au rideau de la grande salle pour empêcher la projection du film d'ouverture, celui du malheureux Carlos Saura, pas vraiment un suppôt de la réaction, pourtant !

Lorsque je suis revenu rue François-Ier, Mai 68 vivait ses derniers moments. Et le climat avait changé à la rédaction. Pendant trois semaines, « l'esprit de mai », pourrait-on dire, avait subtilement modifié les relations et la hiérarchie. Les reporters étaient plutôt majoritairement en phase avec les manifestants. Et, pendant que Pompidou hésitait et que de Gaulle s'en allait consulter Massu à Baden-Baden, nous avions assisté à quelques scènes étonnantes de « fraternisation » entre direction et piétaille. Un soir, ainsi, j'ai vu, de mes yeux vu, Maurice Siégel – qui, inspiré par Gorini, traitait les rares femmes salariées de la radio de « Mélanie » (on entendait, toute la journée, crier des bureaux directoriaux : « Une Mélanie avec un bloc... », pour réclamer une sténo) – venir s'asseoir modestement à côté de la plus âgée des secrétaires de la rédaction, la gentille Mme Perroton, qui en était violette d'émotion, pour lui demander des nouvelles de sa famille ! Et, avant de regagner son fauteuil directorial, Siégel, tellement humain, tellement sincère, posant sa main paternelle sur son épaule, lui dit : « Oh, ça fait du bien de se parler. C'est quand même trop con ! On fait tous le même métier merveilleux, et on n'a jamais le temps de se voir vraiment... »

Inutile de dire que, au lendemain du discours du Général annonçant la dissolution et les élections, chacun a retrouvé sa place naturelle et Mme Perroton n'a plus jamais eu droit au moindre signe d'intérêt de la part du patron. À Europe, comme, il faut bien le reconnaître, dans toute la presse à l'époque, les femmes étaient de toute façon reléguées à la cuisine. Elles étaient hôtesses d'accueil, secrétaires, au mieux faire-valoir à l'antenne des « meneurs de jeu » starisés comme Maurice Biraud, Roger Duquesne ou Hubert. Dans la rédaction elles étaient rarissimes et aucune ne passait à l'antenne. Gorini et Siégel avaient décrété, une fois pour toutes, qu'une « info donnée par une femme n'était pas crédible » !... Et franchement, aucun d'entre nous n'avait songé à protester. Même pas les deux stars maison de l'époque, Julien Besançon et Jacques Ourevitch, que nous avions justement surnommés, tellement ils se jalousaient, « la Callas » et « la Tebaldi » ! La solidarité professionnelle a ses limites.

Fin de partie

À Europe la reprise en main d'après Mai 68 ne se fit pas seulement sentir dans les relations de Siégel avec les secrétaires.

Nous étions sept ou huit journalistes « marqués ». Trop proches des contestataires qui avaient fait vaciller le pouvoir. Trop rétifs à « rendre service » question reportages de complaisance. Pas assez respectueux envers la direction. Mais, rue François-Ier, on a toujours été plus malin qu'à Radio-France : pas de charrette voyante, pas de martyrs, tout en douceur. On mute, on pousse doucement vers la sortie, on dissuade. On ne vire qu'en dernier recours.

Dès le 14 mai, lendemain de la grande manifestation gaulliste sur les Champs-Élysées, une main empressée – celle de Georges Leroy – avait arraché au petit matin tous les slogans et affiches de Mai 68 punaisés sur les murs de la rédaction. Un signe... Pendant qu'à l'ORTF, l'armée, réquisitionnée par Yves Guéna, nouveau ministre de l'Information, occupe les installations techniques de la radio et de la télévision nationales, et que la répression s'abat sur journalistes et producteurs (54 licenciements), à Europe certains préfèrent devancer leur départ annoncé. Le bruit court qu'une « liste noire » des indésirables a été élaborée en haut lieu, les annonceurs ayant également fait connaître leur désapprobation sur la façon dont la station a couvert – selon eux bien trop favorablement – les discours des « gauchistes ». Gilbert Denoyan, Alain Cancès, Bernard Soulé sont licenciés. Fernand Choisel, lui, est « promu » : Gorini le retire du reportage, le nomme rédacteur en chef aux sports, et l'expédie à Mexico où vont débuter les Jeux olympiques.

Gorini joue finement. Il me propose une émission. De 9 heures à 10 heures chaque matin, pour parler de ce que j'aime le plus : musique, spectacles, bonnes adresses, la mode avant qu'elle ne soit à la mode. Je serai libre de mes choix, y compris musicaux. Comment résister? Ce sera « Je sors pour vous ». En acceptant, je passe du statut de journaliste salarié, protégé par une convention collective très favorable, à celui de « saltimbanque », producteur rémunéré au cachet, à qui l'on ne doit pas grand-chose si son contrat de grille n'est pas renouvelé. Je passerai donc une année formidable, de liberté absolue, de bonheur professionnel intense... avant de me voir signifier un départ annoncé.

Je n'ai pas été surpris de cette rupture. Depuis longtemps je savais que j'agaçais. Mai 68 a été le prétexte pour mettre un nom – « gauchisme » – sur un mauvais esprit que l'on me reprochait depuis longtemps. Je m'y attendais tellement que j'ai préféré signer moi-même mon arrêt de mort. C'était juste après le départ de De Gaulle, après son référendum raté ! Il s'était retiré en Irlande et, à Paris, chacun savait que son entourage lui cherchait des bureaux. À l'époque, les blagues téléphoniques étaient à la mode, grâce d'ailleurs à Francis Blanche qui sévissait sur la même radio que moi.

J'ai eu l'idée de contacter des agences immobilières en me faisant passer pour son aide de camp, le colonel de Bonneval, et j'avais demandé à Henri Tisot, qui imitait à s'y méprendre la voix du Général, de participer au canular. Tout, bien sûr, était enregistré. D'abord il y avait la voix d'une secrétaire, parlant parfaitement l'anglais, qui débutait l'entretien :

« Hold on, please, somebody's speaking to you from Ireland... »

Et j'intervenais :

« Je suis le colonel de Bonneval, vous savez qui je suis ?

— Non.

— L'aide de camp du général de Gaulle. »

Instantanément, le ton changeait :

« Excusez-moi, colonel...

— Mon colonel !

— ... Mon colonel... que puis-je pour vous ?

— D'abord il me faut être sûr de votre parfaite discrétion.

— Bien entendu, monsieur, euh, mon colonel... »

Suivait la demande de quatre cents mètres carrés près du Champ-de-Mars, et j'enchaînais :

« Oh ! vous avez une chance inouïe : d'ordinaire, le Général ne veut jamais parler au téléphone, mais il est là, près de moi, je vous le passe. »

Henri Tisot prenait alors l'appareil et interrogeait le malheureux agent immobilier sur le voisinage, les « commodités », discutait les prix... Tisot était plus vrai que nature...

J'avais fait un montage des meilleurs moments et je le faisais écouter aux copains lorsque Jean Gorini est passé par là. Il s'est renseigné sur ce qui nous faisait tellement rire. A écouté. Apprécié. Rigolé. Puis, avant de partir, il m'a dit : « Vous n'avez tout de même pas l'intention de passer ça à l'antenne. » Je lui ai répondu que ce serait fait le lendemain matin. Il m'a dit que c'était impossible.

Le ton a monté. Et là, devant toute la rédaction, j'ai donc signé mon arrêt de mort : « Vous savez que c'est un gag formidable, et pas du tout désobligeant pour le Général. C'est une démonstration à la Francis Blanche sur l'incroyable crédulité des gens. Si vous m'interdisez de le passer, c'est que vous crevez de trouille. » Gorini a claqué la porte. Ce jour-là, ma collaboration avec Europe 1 s'est achevée.

3

Les années Dhordain

Mon départ d'Europe s'est réglé en deux temps trois mouvements. Quand même assez affligé de la façon dont on se débarrassait de moi – pour « mauvais esprit » –, j'ai pris un avocat. Un très bon avocat : Georges Kiejman. Il a envoyé une seule lettre à son confrère d'Europe, Théo Klein. Et, tout à coup, il n'y a plus eu le moindre problème : ce qui m'était dû m'a été réglé sans barguigner, et le samedi 8 juin 1969, j'étais un homme libre. Donc un chômeur, marié, endetté, père d'un enfant d'un an, sans projet autre que partir en vacances pour arrêter de broyer du noir. Des amis nous invitaient... à Saint-Tropez, dans une villa de rêve, avec bateau et tout le nécessaire pour tenir son rang dans ce paradis pour « beautiful people » !

À la veille du départ, je reçois un coup de fil surprenant :

— Bonjour, nous ne nous connaissons pas, je suis Roland Dhordain, je suis le patron de France Inter et je voudrais vous rencontrer...

Comme je m'étonne poliment de cet aimable

appel, Dhordain, bien dans ce style carré qui est le sien, résume sa pensée :

— Votre émission m'emmerdait beaucoup... sur Europe 1. J'aimerais que vous la fassiez sur Inter !

Je lui explique, un peu embêté, que je dois partir le lendemain en vacances avec femme et enfant.

— Où ça ?

— À Saint-Tropez.

— Parfait, me lance-t-il. Moi, je pars à Porquerolles dans quelques jours, on se verra là-bas !

Notre rencontre sera digne d'une comédie à la Lubitsch. Ravis d'aider « le pauvre chômeur », mes amis me proposent de m'emmener sur leur énorme bateau à moteur voir mon hypothétique futur patron dans sa petite île. Tout est fait comme il se doit : champagne à gogo, pique-nique à base de langoustes et autres délices, inévitable vase de glaïeuls sur la table du cockpit. Notre arrivée dans la petite crique de Porquerolles où Roland Dhordain m'attendait ne risquait pas de passer inaperçue. Et c'est le directeur de France Inter qui est venu chercher le demandeur d'emploi dans un vieux Zodiac avec un petit moteur hors bord poussif au pied de l'échelle de coupée de l'immense bateau blanc ! De quel côté étaient les « boat people » ?

Il en a rigolé autant que moi ; le premier contact fut le bon. Après le déjeuner, j'avais un boulot. Je récupérais la même émission que sur Europe, au même salaire.

« Embouteillage »

Le lundi 6 octobre 1969, à 9 heures du matin, je prenais l'antenne sur France Inter. Je passais de 1 647 m GO à 1 829 ; la modulation de fréquence, qui s'appellera la bande FM, n'existait pas encore. Je quittais le quartier chic et animé des Champs-Élysées pour les rives bourgeoises de la Seine vers Passy, et un bout de table dans une vaste salle de rédaction pour un bureau fermé, deux « travées », au sixième étage de la Maison Ronde où la communication entre les occupants – je l'apprendrai vite – est chose rare, fortuite et compliquée !

Mon émission était la même et totalement différente : toujours à 9 heures du matin, pour parler de « l'actuel » plus que de l'actualité, mais – luxe suprême – plus la moindre coupure de publicité et liberté totale pour le choix de mes sujets et de mes chroniqueurs.

Ce lundi matin 6 octobre, je dois avoir la voix un peu oppressée. J'ai passé pas mal de temps sur ce premier « édito » :

« Permettez-moi de faire les présentations. Je sais bien, tout le monde sait que le “moi” est haïssable et, comme le disait Alfred de Vigny – oui, déjà les citations ! –, le mot de la langue française le plus difficile à prononcer et à placer, probablement, c'est “moi”. Mais enfin, pour ce premier rendez-vous que nous avons ensemble aujourd'hui sur les antennes de France Inter, il est de la plus élémentaire courtoisie vis-à-vis de vous de me présenter puisque vous ne me connaissez pas encore. Je glisse donc ma carte de visite sonore dans votre transistor : je m'appelle Pierre Bouteiller ; profession : journaliste ; signe particulier : seul Français sur 50 000 000 à ne pas avoir lu *Papillon* » (*Papillon*, c'était le récit d'un ancien bagnard que tout le monde s'arrachait, un des plus gros best-sellers de l'édition française à l'époque). Et j'ajoutais : « Y aura-t-il une formule à cette émission ? Oui : celle de ne pas en avoir. Il n'y aura aucune limite aux sujets que nous aborderons. J'essaierai de vous tenir au courant de tout ce qui se dit, ce qui se fait, de ce qui ne se fait pas, de ce qui va se faire, de ce qu'on lit, ce qu'on raconte, ce qu'on chuchote, de ce qu'on voit : livres, films, disques, pièces, nouvelles boîtes, nouveaux restaurants, gadgets, foucades, modes et engouements. Nous nous intéresserons à tout ce qui est sorties, loisirs, à la distraction, à l'art de vivre, autrement dit à tout ce qui rend la vie à peu près supportable, bref à tout ce superflu qui nous est si nécessaire. Nous tâcherons de conférer au micro de France Inter le don d'ubiquité et de l'emmener partout où il y aura du nouveau, tant à Paris qu'en province, puisqu'on sait qu'il se passe de plus en plus de choses en province et que, si on peut dire, le parisianisme se décentralise. »

Voilà pour notre profession de foi. Et, là-dessus, je me souviens avoir présenté le nouvel indicatif. Parce qu'il y avait les moyens à l'époque à la radio, il avait été spécialement réalisé et composé pour moi par Claude Bolling. Il avait mobilisé trois jours le studio Davout, l'un des meilleurs du moment, avec un big band de dix-sept musiciens qui s'appelait bien sûr « Paris en bouteille », jeu de mots en écho au titre du magazine, « Embouteillage ».

J'avais formé mon équipe en septembre, en piochant au coup de cœur parmi les reporters que Dhordain m'avait conseillé de rencontrer. Richard Hulot et Bernard Deutsch, inséparables, m'ont plu tout de suite : infatigables bosseurs, cultivés, ironiques, curieux, remarquables agenceurs de sons. Puis, en 1970, il y a eu Philippe Caloni, de la même eau que Deutsch et Hulot. Leur trio a si bien fonctionné qu'ils y ont gagné en quelques jours leur surnom de « frères Ripolin ». Grâce à leurs inventions, à leur drôlerie, à leur flair incomparable pour dénicher les spectacles, les lieux, les gens étonnants, « Embouteillage » a trouvé très vite sa place parmi les magazines culturels proposés alors sur les médias : la première ! Ce n'est pas forfanterie de ma part : sans eux, mes « Ripolin », ça n'aurait sûrement pas été pareil.

Cette liberté, ce plaisir de travailler avec des professionnels rares étaient à peine troublés par les quelques contreparties qu'il m'avait bien fallu concéder à ma direction. France Inter, digne fille de l'ORTF du Général, remise sur le chemin de la vertu et de la bien-pensance dès juin 68, se devait d'assurer le gîte et le couvert à ses fidèles serviteurs.

Au fil des mois, d'autres « rubricards » m'ont rejoint : Philippe Couderc pour la gastronomie, Pierre-Yves Guillen pour la mode et, plus tard, Philippe Aubert, qui remplacera Philippe Caloni en 1972, et s'illustrera dans des revues de presse hilarantes. Sophie Le Louarn, indispensable pivot de la bande, nous rejoindra en février 1971. Elle ne quittera Radio France qu'en 2004, lorsque Jean-Paul Cluzel, nouveau P-DG, mettra fin à mes fonctions à la tête de France Musiques où Sophie était toujours à mes côtés.

Nous travaillions tous beaucoup : il fallait ramener pour le lendemain matin 9 heures la pêche miraculeuse des sorties du soir. Mais ce ton nouveau (sur le service public) plaisait aux auditeurs. C'était cela le pari de Dhordain : remonter l'audience de France Inter, largement dépassée alors par RTL et Europe, en y insufflant le ton et l'esprit des « périphériques », comme on appelait alors les radios privées, sans trop heurter tout de même les oreilles très sensibles du pouvoir en place. Une sorte de grand écart radiophonique que seul un diplomate des ondes pouvait tenter ! Évidemment, notre impertinence agaçait beaucoup en haut lieu car nous osions parler de tout : l'actualité du jour était notre terrain de jeu même lorsqu'elle était politique. Les protestations pleuvaient. Mais Roland Dhordain, conforté par mon audience qui remontait, me protégeait avec un certain courage. Lorsque ça tanguait un peu, il me convoquait, m'engueulait et me laissait reprendre le fil de mes plaisirs irrévérencieux !

À l'instar de Claude Villers et de José Artur, je lui servais aussi d'alibi lorsque la presse accusait Inter d'être à la botte du pouvoir gaulliste, puis pompidolien. Si l'information ne pouvait, bien sûr, à l'époque, être autre chose que « la voix de la France » aux yeux et aux oreilles du successeur du Général, il y avait une place aux programmes pour quelques voix discordantes.

Tracasseries et emmerdes

J'aurais dû trouver un tapis rouge sous mes pieds. En 1969, Chaban inaugure en grande pompe à Matignon la « nouvelle société », et promet une libération générale qui doit réconcilier Caïn avec Abel... Premier secteur à bénéficier de cette « ouverture » promise : l'audiovisuel public. Pierre Desgraupes prend en charge la télévision, sous la houlette du bon Arthur Conte qui, en 1972, chapeautera radio et télévision. Un certain Alain Dangeard devient vice-président de la radio.

Hélas, reste le ministre de tutelle, le tristement célèbre Philippe Malaud, qui n'hésite jamais à court-circuiter le P-DG, Arthur Conte, pour faire connaître ses instructions à ses affidés. Citons, pour le plaisir, cette note envoyée en 1973 par Philippe Malaud à Alain Dangeard durant une courte absence d'Arthur Conte.

« Note à l'attention de M. Dangeard.

Comme suite à notre conversation, j'ai reçu aujourd'hui le syndicat FO des producteurs de radio qui m'a confirmé que la situation à France Inter est devenue intolérable, ce que je savais par tous ceux qui ne sont ni communistes ni gauchistes et qui font actuellement l'objet d'une véritable chasse aux sorcières. Un certain nombre d'émissions récentes sont inadmissibles, aussi bien dans le domaine de la morale que celui de la politique, qu'il s'agisse des élucubrations de Pierre Bouteiller, du dossier quotidien de 17 h 30, des émissions analysant les différentes techniques de l'avortement ou prônant “les drogues non pernicieuses”.

Je ne parle même pas de France Culture qui est une tribune réservée en permanence au Parti communiste et à la CGT, qui déclarent ouvertement que M. Sallebert et Mme Mella – une directrice de la radio – sont leurs alliés objectifs. Dans ces conditions et si une réorganisation n'intervient pas immédiatement, qui devrait commencer par l'élimination de M. Sallebert, de Mme Mella et de leurs collaborateurs politiquement engagés, il est inutile d'attendre le moindre accroissement des ressources pour 1974. Je te serais reconnaissant de communiquer ce qui précède au président-directeur général dès son retour. »

Arthur Conte a le courage, « dès son retour », de communiquer cette note à l'AFP. Le scandale est grand. Malaud est contraint de rejoindre son corps d'origine. Mais Arthur Conte, lui, est immédiatement révoqué, treize mois après son entrée en fonction.

Pour « Embouteillage », ça va tanguer ! D'autant qu'en 1971 c'est Jacques Sallebert qui s'installe dans le fauteuil de Roland Dhordain. Et il nomme Pierre Wiehn directeur de l'antenne de France Inter. Très vite ma vie va devenir difficile. Je me retrouve « encadré » par des chroniqueurs plus « dans la ligne ».

En semaine, « Embouteillage » se retrouve ainsi précédé d'un commentaire politique de Jean Grandmougin (et donc amputé de ses cinq premières minutes), ex-OAS, anticommuniste viscéral, l'un des rares journalistes à avoir osé, en septembre 1973, féliciter à l'antenne les militaires chiliens parachutistes d'avoir mis fin à la chienlit rouge. Le samedi matin, autre gracieuseté de la direction à mon égard, c'est carrément Michel Droit qui ouvre mon émission. Pour me venger, j'ai fait faire, par une amie speakerine, une petite « auto-promo » qui vient conclure la chronique de Michel Droit et annoncer « Embouteillage ». Sur un joli jingle musical, elle susurre : « Raymond, réveille-toi, voici maintenant Pierre Bouteiller. » Raymond, bien sûr, on l'aura reconnu, c'est Marcellin, alors ministre de l'Intérieur !

Évidemment, ça ne plaît pas. J'ai aussi l'honneur suprême d'être dénoncé dans l'hémicycle de l'Assemblée nationale par un député UDR d'Ille-et-Vilaine lors de la discussion budgétaire d'octobre 1973. Le digne élu du peuple de droite ne veut pas voter les crédits de l'ORTF tant qu'y sévit le sieur « Bouteiller qui, sous couvert de parisianisme, distille un véritable venin politique contre la majorité ».

Mais, bof, on persiste et ça passe. Jusqu'à l'élection présidentielle de 1974, l'élection de Valéry Giscard d'Estaing, et le démantèlement de l'ORTF.

4

Le libéralisme de ces messieurs est avancé

Officiellement, avec l'élection du plus jeune président que la France ait jamais élu – ce n'était guère que le troisième au suffrage universel direct, il est vrai –, mille fleurs allaient surgir sous nos pas. Les éboueurs seraient invités à petit-déjeuner chez les bourgeois et l'accordéon ferait son entrée dans les thés dansants du faubourg Saint-Germain.

Mais, à la Maison Ronde, faire une radio « décrispée » n'était toujours pas une tâche facile. Éternel sujet d'embrouille avec ma direction : mon fameux « persiflage ». Mes petits « éditos » d'ouverture, bâtis entre 7 et 8 heures du matin, après la lecture de la presse du jour, portaient trop souvent, me faisait-on remarquer, sur des sujets politiques. Déboires d'éminences surprises à l'heure du laitier [1], nominations de copains à des fromages de la République, petites lois rétrogrades votées en douce, à cette époque, comme

1. En fait, Giscard lui-même, carambolant un camion de laitier aux petites heures de la matinée...

aujourd'hui, chaque jour apportait à qui aime s'indigner ou « persifler » de quoi nourrir son appétit.

Mais le « taulier » que j'étais n'était pas le seul à offrir aux étages directoriaux des raisons de s'étrangler : mes rubricards, me disait-on, s'ingéniaient à faire preuve de « mauvais esprit ». « Vous ne tenez pas vos troupes, Bouteiller ! » est probablement la phrase que j'ai le plus entendue, sous des variantes diverses, au cours de ma bien longue carrière. Exemple : Bernard Deutsch s'était fait une spécialité de ce que nous appelions alors le « sondage », qui se prononce aujourd'hui micro-trottoir, élément incontournable de tout rendez-vous d'information à la radio comme à la télévision. Mais Deutsch ne se contentait évidemment pas, comme on le fait généralement, de poser sa question : « Que pensez-vous de... » à trois quidams pour obtenir, comme il se doit, un pour, un contre et un ni vraiment pour ni tout à fait contre. Il y passait d'abord un temps fou et, au montage, gardait les déclarations les plus étonnantes. Cela donnait souvent des séquences hilarantes. Et parfois absolument terrifiantes. Je me souviens ainsi d'un de ses « sondages » qui avait fait scandale. À propos d'une enquête très sérieuse commanditée par le CRIF sur les Juifs en France, il avait fait parler des gens rencontrés au hasard dans la rue, les cafés, dans des quartiers chics et des coins populaires. Le résultat était effrayant. Nous avons beaucoup discuté, puis décidé de le diffuser. L'antisémitisme le plus brutal s'y étalait, sans le moindre sentiment de honte. Cela a fait des vagues, mais nous avions gardé les deux heures de bande dont Deutsch avait tiré ses cinq minutes réglementaires : il n'y avait pas de manipulation. C'était aussi cela la liberté dont nous avions envie.

« Messieurs les censeurs, bonsoir... »

Mais cette indépendance agaçait aussi nos chefs sur des sujets apparemment bien plus inoffensifs. Les « Ripolin » ont été de formidables découvreurs de talents. Ils hantaient les cafés-théâtres, qui se montaient à l'époque à chaque coin de rue, et faisaient preuve d'un flair infaillible pour repérer les vrais talents. C'est dans mon émission – et j'en suis vraiment fier – que l'on a pu entendre pour la première fois Coluche, Zouc, Bernard Haller, Sylvie Joly et l'équipe du Splendid autour de Romain Bouteille.

Ce que ces dynamiteurs de bon goût racontaient au micro, comme dans leurs spectacles, n'était pas vraiment « politiquement correct », mais on ne le disait pas encore. Alors ça contribuait à grossir mon dossier d'« agitateur gauchisant ». Celui-ci avait été officiellement ouvert en 1972, lorsque Philippe Caloni avait réussi l'exploit d'interviewer Maurice Clavel qui venait de quitter avec fracas le plateau de l'émission « À armes égales » avec son tonitruant : « Messieurs les censeurs, bonsoir. » La raison ? Les producteurs de l'émission, André Campana, Alain Duhamel et Guy Claisse, avaient coupé un mot dans le commentaire du film que Clavel avait réalisé pour son face-à-face avec le maire de Tours, Jean Royer. On se souvient encore aujourd'hui de l'éclat, mais pas de la raison. Or ce seul mot enlevé était « aversion ». Il figurait dans une phrase, signée Clavel : « À une heure où le président de la République [Georges Pompidou] confie à un très grand journal américain l'aversion et l'agacement que lui inspire la Résistance française... »

Alors que les journaux du lendemain sont déjà sous presse, les rédacteurs en chef envoient leurs journalistes à la recherche de l'auteur de l'éclat pour en obtenir des explications. Dans la confusion de l'esclandre, personne n'a compris de quoi il s'agissait vraiment. Philippe Caloni, seul, a obtenu l'info que tous ses confrères recherchaient : Maurice Clavel, tout auréolé de sa nouvelle gloire médiatique, dîne paisiblement à la Coupole avec Jean Daniel. Il y fonce et décroche vingt minutes d'entretien, au canon, qui passeront le lendemain matin en exclusivité sur notre antenne. Ce n'est rien de dire que « les réactions de ma hiérarchie » furent fraîches.

Mes rubricards

De toute façon, il y avait toujours quelque chose qui dérangeait. Le talent, il est vrai, est le contraire de la tiédeur, du convenu, de l'attendu et de la bien-pensance. Or, mes « rubricards » n'hésitaient jamais à vilipender la bêtise, la vulgarité ou les petits arrangements avec la morale. Le docteur Halpern, notre « Docteur Inter », irritait régulièrement les laboratoires pharmaceutiques ou les fabricants de produits dits « de beauté ». Philippe

Couderc provoquait les menaces judiciaires de gargotiers nommément accusés de vendre cher de la mauvaise cuisine. Le docteur Rousselet-Blanc, vétérinaire, nous fâchait régulièrement avec les chasseurs et les députés qui les soutenaient, sans oublier Valéry Giscard d'Estaing amateur de « chasse au gros ». Plus tard, Pierre-Yves Guillen provoqua la colère de Jacqueline Baudrier, P-DG de Radio France, pour avoir critiqué vertement la laideur de la dernière collection de Mme Torrente... qui, hélas, habillait gracieusement notre patronne ! Il fut mis à pied pour trois mois !

Pierre-Yves Guillen – qui restera dans mon émission jusqu'au bout – sera sans doute celui de mes rubricards dont les directeurs successifs me demanderont le plus souvent l'éviction. Son « ton », ses « manières », me disait-on d'un air entendu, n'étaient pas à leur place sur la radio publique française. Ah bon, mais pourquoi donc ?

La mort de l'ORTF

Le problème pour ceux qui sur les bancs du parlement, à l'UDR ou dans les bureaux directoriaux souhaitaient mon éviction, c'était de trouver une bonne raison. Me traiter de « gauchiste » ou de « persifleur » n'était pas suffisant. Or les indices d'audience du magazine étaient parmi les meilleurs de France Inter ; ce qui, d'une certaine façon, m'assurait une forme de « protection ».

La disparition de l'ORTF, en juillet 1974, allait permettre les réformes espérées par les tenants d'une remise au pas de ces « soviets de mabouls » dénoncés avec constance par Philippe Malaud.

Pierre Wiehn, devenu directeur des programmes, a commencé par harceler les producteurs mal vus de la majorité politique : Claude Villers, José Artur et moi-même. Sans même chercher d'excuses professionnelles. Un jour, il m'a dit : « J'ai de plus en plus de mal à te défendre devant le ministre de l'Intérieur. » Et il m'a regardé, offusqué, lorsque je lui ai rétorqué que j'ignorais que le ministre de l'Intérieur était en charge de la radio !

Certains, moins bien assis que moi dans la maison, étaient traités de manière plus expéditive. Ainsi, en 1978, les frères Jolivet ont été virés de l'antenne en vingt-quatre heures pour avoir osé commencer leur émission, le lendemain du naufrage de l'*Amocco Cadiz*, en lançant : « La nouvelle du jour : on a enfin trouvé du pétrole en Bretagne ! »

Pour moi, Pierre Wiehn avait choisi la méthode du « harcèlement textuel ». À chaque fois que quelques phrases ou un sujet du magazine le hérissaient, il m'envoyait une note comminatoire me demandant quelles sanctions je comptais prendre envers mon collaborateur « fautif » ou bien exigeant des explications écrites quant à mon « dérapage ».

Conseils de discipline

Certains de mes rubricards furent alors convoqués devant une sorte de conseil de discipline, accusés de « publicité clandestine » dès qu'ils citaient une marque, même dans des papiers critiques. Je me souviens aussi que Philippe Aubert, qui se moquait – déjà ! – de certaines émissions de télé qu'il jugeait nulles, avait été soumis à un chantage étrange : on lui avait fait comprendre qu'il mettait « sa maison » en danger en critiquant des chaînes de télévision qui diffusaient gratuitement des spots de publicité pour France Inter ! (Autrement dit, s'il continuait, France Inter allait devoir payer – cher – ces spots jusque-là gratuits.)

Aubert fut même renvoyé trois fois par Pierre Wiehn lui-même. À chaque fois, il est venu me voir pour me demander ce qu'il convenait de faire. À chaque fois, je lui ai fait la même réponse : « Reviens quand même demain, on verra bien. » Et ça continuait comme ça !

Horaires glissants

Les notes de service comminatoires et les menaces non voilées ne suffisaient pas. La direction imagina un moyen beaucoup plus subtil pour me pousser à la démission : déplacer mon émission dans la grille, au gré des humeurs du moment.

Durant les cinq premières années de ma collaboration à France Inter, j'étais resté à l'horaire défini en accord avec Roland Dhordain, de 9 heures à 10 heures du matin. Ce qui était d'une assez grande logique pour un magazine qui, au premier chef, avait pour objet de rapporter ce qui s'était passé la veille au soir sur la scène culturelle.

En 1975, Pierre Wiehn décide de le programmer à 14 heures, amputé d'une demi-heure. Six mois plus tard, retour à la case départ, à nouveau 9 heures-10 heures. En 1977, je passe à 22 heures... ce qui m'empêche de « sortir pour vous » et d'aller voir les spectacles dont je suis supposé rendre compte. Quant à José Artur, dont on me donne la tranche, il est expédié de 14 heures à 15 h 15!... Apothéose en 1978 – j'avais dû beaucoup énerver cette année-là... il y avait eu des législatives très dures pour la majorité! –, le magazine se retrouve réduit à quinze petites minutes, de 14 heures à 14 h 15! Je l'appelle, comme il se doit, le « micro magazine », et me fais un plaisir de temps à autre d'arrêter ma phrase en plein milieu pour annoncer d'un ton suave : « Le temps qui m'est imparti étant écoulé, je rends donc l'antenne! » Ce qui n'est guère apprécié en « haut lieu ».

Cette guérilla stupide s'achève – je ne me décidais pas à m'en aller de mon plein gré – à la rentrée 1979. On me propose la tranche 18-19 heures que je garderai plusieurs années.

Écouter la différence

Le meilleur slogan jamais trouvé pour France Inter le fut par Roland Dhordain, c'est le célèbre « Écoutez la différence », même si les persifleurs s'empressèrent de le transformer en un « Écoutez la déférence » que la radio publique de ces années de giscardisme triomphant méritait largement. Hormis quelques poches de résistance dont j'ai un peu fait partie. Et comme je l'ai toujours entendu.

Mais pendant que Pierre Wiehn et Jacqueline Baudrier tentaient de trouver les placards à balais les plus discrets pour y dissimuler les trublions Villers, Artur et Bouteiller, ils plaçaient en évidence quelques « animateurs » clonés sur ceux qui faisaient les beaux jours de RTL et Europe. Je n'ai personnellement rien contre Gérard Holz, mais imaginons la gymnastique intellectuelle douloureuse à laquelle ont dû se livrer les auditeurs qui écoutaient depuis cinq ans le magazine lorsqu'on leur a donné en lieu et place le « Bonjour chère petite madame » du gentil Gérard qui prenait les ménagères au téléphone pendant une heure d'antenne...

En général, ce genre de radio « interactive », ça donne à peu près ceci :

« Allô, Mme Dugenoux, quel est votre prénom ?

— Josiane.

— Ah ! Josiane, quel joli prénom... Et d'où nous téléphonez-vous ?

— De Saint-Jouans-des-Guérets... »

Et l'animateur, qui n'a jamais foutu les pieds à Saint-Jouans-des-Guérets et qui s'en fout éperdument, continue :

« Quelle chance vous avez d'habiter dans cette ville ravissante... Et que faites-vous dans la vie ?

— Je suis ouvrière à la conserverie Machin. »

Là, un blanc à l'antenne ! Même l'animateur le plus démago sait qu'il y a quand même des limites à la démagogie. Prétextant une mauvaise qualité de la ligne téléphonique, il coupe brusquement et passe à l'auditeur suivant en espérant qu'il aura le bon goût d'avoir des revenus décents, qu'il paye l'ISF et habite un endroit « fréquentable » dont il a entendu parler.

Voilà grosso modo un condensé de cette « interactivité » radiophonique, expression polie pour désigner la paresse et la démission des gens qui sont censés être à l'antenne.

Faire faire la radio par les auditeurs est la plus vieille tentation des mauvais directeurs. On met un « people » au micro, on ouvre un standard téléphonique et on s'attend à ce que l'audimat s'envole. Hélas ! les recettes qui font merveille sur les radios commerciales : grosses blagues, « interactivité », roues de la fortune et café du commerce n'ont jamais, jamais marché sur la radio publique. À la grande stupeur de certains patrons de France Inter qui s'y sont essayés en croyant à chaque fois avoir découvert l'eau tiède, cette eau tiède où se noie régulièrement le service public quand il se met à singer le privé.

Nos auditeurs sont, qu'on s'en félicite ou qu'on s'en désespère, attachés à la spécificité du service public. Ils écoutent vraiment la différence. L'humour, la culture (que les mauvais directeurs et P-DG appellent immanquablement « parisianisme » ou « élitisme »), le respect des « clients », notamment dans l'emploi d'une langue grammaticalement correcte, la curiosité, la tolérance mariée à des opinions non hypocritement dissimulées, c'est l'originalité de la culture Inter. Et ses auditeurs ressemblent à cette radio qu'ils aiment bien et donc qu'ils n'hésitent pas à châtier bien lorsqu'ils le jugent nécessaire.

Tous ceux qui « font » la radio – producteurs, chroniqueurs, réalisateurs, techniciens – ont compris cela depuis longtemps. Ceux, hommes ou femmes, nommés par le pouvoir du moment, qui passent faire carrière quelque temps à la tête de cette belle maison en attendant un autre poste, ont beaucoup de mal à le comprendre. Ainsi, périodiquement, les mêmes discours sont tenus et les mêmes erreurs reproduites. C'est le problème lorsqu'on confie la radio à des non-professionnels, des amateurs, ou ceux que j'appellerais des « touristes ». J'aurai l'occasion d'y revenir.

5

De la télé, un peu, beaucoup, jamais passionnément

Finalement, bon gré, mal gré, les directeurs successifs de France Inter ont dû s'accommoder de moi. Parfois avec fatalisme, parfois avec une certaine perversité. C'était devenu une sorte de jeu : sur une grille on m'affichait, sur une autre on me dissimulait, en espérant qu'un jour je me lasserais et que je partirais « à l'insu de mon plein gré... ». C'était mal me connaître : j'ai horreur qu'on m'oblige ! Je me souviens qu'à une époque où mon magazine était, une fois de plus, relégué à des heures où nul ne pouvait vraiment y prêter attention, la direction m'avait attribué, en guise de lot de consolation – et pour éviter aussi les commentaires fielleux de la presse toujours aux aguets des duels politiques feutrés à l'ORTF –, une chronique cinéma « bien placée » : trois minutes à 8 h 45 le matin. Pourquoi pas? Je devais donc être de mauvaise humeur le jour où j'ai raconté ceci : « Il faudrait tout de même que je vous parle de cinéma, je suis un peu là pour ça ; entre 8 et 9 heures, il est convenu que les gens ont envie d'entendre parler de cinéma. Il doit sûrement exister un sondage là-dessus. Il est des règles non écrites en radio qui veulent qu'une fois pour toutes les tranches horaires soient bien définies en fonction d'auditeurs dont on a figé les traits dans des portraits robots immuables : de 5 à 7, c'est la paysannerie laborieuse, et allons-y pour l'accordéon; de 7 à 9, c'est toujours laborieux mais moins paysan, l'ouvrier se lève tôt, donc encore de l'accordéon, mais un peu moins puisque, c'est certain, c'est du bon, c'est prouvé scientifiquement, le paysan aime encore plus l'accordéon que l'ouvrier. À 9 heures, rigolade pour tout le monde; 12 heures-14 heures, l'information, rien à dire, c'est sacré. À partir de 14 heures, là encore, problème : il faut à la fois plaire à la femme au foyer, au conducteur sur les routes, au troisième âge, au quatrième. Avec un regrettable manque de concertation, les radios agissent en ordre dispersé. 19 heures : du factuel, du commentaire, du débat, de la réflexion, subitement, ça plaît à toute la France, qui, à cette heure-là, est intelligente. Heureusement, après, on souffle un peu et on retrouve nos chers jeunes que l'on avait abandonnés depuis l'après-midi. Après quoi c'est la nuit, et la nuit tous les sondages sont gris. Ainsi libéré de l'IFOP de Damoclès, chacun peut choisir sa radio. Mais à travers ce dictionnaire des idées reçues de la radio contemporaine, il peut se glisser des subdivisions précises, de l'heure on passe à la demi-heure, de la demi-heure au quart d'heure et du quart d'heure aux trois minutes. C'est curieux, le matin, l'auditeur change tout le temps alors qu'il ne bouge pas l'après-midi. Tout ça pour vous dire qu'entre 8 h 30 et 9 heures, l'auditeur a envie d'entendre parler de cinéma pendant trois minutes, trois minutes et pas plus. Hélas, elles sont écoulées, et au lieu de parler cinéma, je vous aurai parlé de radio. »

De la belle télé

Heureusement, même si ma passion professionnelle me rivait à cette chaise que l'on rendait parfois musicale, j'avais eu la chance de trouver, depuis quelques années déjà, quelques verts pâturages voisins des prés trop bien clôturés de la radio publique. À la télévision, il y avait alors, dans les années 1970, encore un peu d'espace pour des projets culturels à la fois ambitieux et grand public.

J'ai fait mes premiers pas télévisés en 1971, sous la houlette gracieuse de Michèle Arnaud. C'était une productrice toujours prête à donner leur chance aux « jeunes talents ». C'est elle qui a, la première, repéré Michel Drucker. Pour ses émissions, j'ai pu faire de grandes interviews d'artistes, chanteurs, acteurs ou nouveaux venus dans la variété.

Puis, au bout de quelque temps, on m'a proposé, comme à d'autres, de prendre la responsabilité d'une émission entière dans cette série hebdomadaire qui s'appelait « Samedi et compagnie ». Celui, ou celle, qui en prenait la charge avait carte blanche pour choisir les sujets, les invités, les lieux de tournage et réaliser de A à Z la totalité de cette émission qui durait deux ou trois heures. J'en ai donc réalisé plusieurs, qui demeurent parmi mes meilleurs souvenirs. Au

Club Saint-Germain et au Bilboquet, avec Michel Legrand et Jerry Lewis, avec Baden Powell, avec Nicole Croisille, et aussi juste avant leur démolition au Gaumont-Palace et aux Halles Baltard, lieux désormais disparus.

J'ai travaillé aussi pour Dominique Reznikov, qui avait la haute main sur les « divertissements » du dimanche. Inutile de préciser que cela n'avait rien à voir avec ceux d'aujourd'hui. J'y ai reçu Lorin Maazel, Jeanne Moreau ou Gault et Millau qui lançaient leur « nouvelle cuisine ». Que du direct, bien entendu.

Et puis il y a eu Daisy de Galard et ses « Dim-Dam-Dom »... Aujourd'hui, dans l'indescriptible médiocrité des programmes télévisés, revoir ces purs moments d'intelligence, de modernité, d'impertinence que furent ces émissions en noir et blanc, réalisées par les meilleurs (Averty, Seligmann, Raoul Sangla), est à la fois un bonheur – ça a existé – et une souffrance – c'est fini. Disons que, pour mes débuts avec une caméra, j'ai été plutôt à bonne école.

Je me souviens aussi, avec reconnaissance, des aventures journalistiques précieuses que furent mes prestations pour la série « À bout portant ». Le principe en était de filmer un artiste dans la continuité. Il y avait deux caméras : lorsque l'une s'arrêtait, l'autre enchaînait. Les interviewés ne savaient jamais quand et où ça tournait, et ils finissaient par oublier et se laisser aller, comme dans une conversation entre amis. Cela supposait évidemment un temps de tournage très long, plusieurs jours, suivis de semaines de montage. À l'arrivée, cela donnait des portraits fouillés, naturels, surprenants. Je me souviens avoir « fait », avec un grand bonheur, Dalida, Line Renaud, Serge Reggiani, Mouloudji, Jean Sablon...

Avec José Artur

Lorsque Marcel Jullian fut nommé à la tête de cette deuxième chaîne qui s'appelait alors Antenne 2, je ne sais pas si les fameuses « forces de la joie » furent effectivement libérées – restons modestes – mais un certain nombre de talents réputés iconoclastes furent soudainement (mais de façon éphémère) sollicités. Mon ami José Artur et moi-même fûmes ainsi « appelés » pour inventer et animer ce que l'on appellerait aujourd'hui un « talk-show de troisième partie de soirée », programmé le samedi soir, assez tard, donc. Nous l'avons appelé « Banc public », peut-être en hommage subliminal à Jane Sourza et Raymond Souplex, qui sait ? Partant du bon principe que la vie est trop courte pour parler avec des gens à qui l'on n'a vraiment rien envie de demander, nous avions, d'un commun accord, décidé de n'inviter que des artistes que nous aimions bien. Ce qui ne nous empêchait nullement de poser nos petites questions sans complaisance. La devise de « Banc public », trouvée par José, était : « Plein la gueule pour pas un rond. » Pas un rond, car nos invités n'étaient pas payés. Nous avons ainsi vu s'asseoir sur notre banc Yves Montand, Jeanne Moreau, Juliette Gréco, Raymond Devos, Jean Yanne, mais aussi des écrivains, des peintres, des musiciens, des cinéastes...

Tous deux, nous en étions contents, même si notre audience restait évidemment confidentielle : 4 %, autour de minuit, ce n'est pas déshonorant. Mais nous savions aussi que nos défauts, qui passaient sans dégât bien à l'abri du micro, devenaient visibles face à la caméra. Les critiques trouvaient que j'avais l'air triste (« un monsieur en train de rater son train », écrira François Nourrissier), et que José était trop bavard ! Ce n'était pas faux. C'est sans doute pour cela, d'ailleurs, que José, comme moi, nous avons fait notre carrière plutôt à la radio. Ce médium est, à mon avis, le plus formidable de tous. Protecteur, chaleureux : il permet les silences, les hésitations, il porte la voix qui, elle, au contraire du visage, ne s'altère pas. Il laisse passer les vérités, les émotions, les sentiments, là où, souvent, la caméra les dilue, les anecdotise, les banalise. Chacun a pu vérifier que la télévision met en avant l'accessoire et détourne l'attention de l'essentiel. Le spectateur se souviendra de la robe, de la coiffure, de la cravate, de la mimique bêta ou du geste d'énervement, presque jamais du contenu du discours, du sujet du livre, voire du nom de l'invité. À l'inverse, la radio, cela s'écoute et cela s'entend. Comme j'aime à le dire, n'étant ni Cary Grant ni Robert Redford et ayant dû, ce faisant, faire contre mauvaise fortune bon cœur, j'ai un très beau physique. De radio.

Patron ?

En septembre 1981, Jacques Boutet, nouveau P-DG de TF1, nomma mon vieil ami André

Harris à la direction des programmes. « Après treize ans de purgatoire, ce n'est pas injuste », lâcha l'intéressé aux journalistes. Avec son complice Alain de Sédouy, André Harris était devenu célèbre en étant coauteur de deux documents particulièrement dérangeants pour la mythologie cocardière entretenue par le discours gaullien d'une France unie dans la Résistance. *Le Chagrin et la Pitié*, en 1969, et *Français si vous saviez*, tous deux réalisés par Marcel Ophüls en 1972, ont plus fait pour ce fameux « devoir de mémoire » (que les nouveaux historiens ont érigé en dogme) que n'importe quel travail politique ou universitaire. Mais ces deux films, coproduits par la télévision nationale et déjà vus en salles, ne seront diffusés à la télévision qu'en 1983 !

André Harris était la partie chevelue du fameux binôme Harris et Sédouy. Ce n'était pas son seul signe de reconnaissance. Costumes Smalto, cravates voyantes, pochettes désassorties : il était le premier à se moquer de sa propension à être « *over-dressed* », comme on ne doit pas dire. Il avait – aussi – une passion pour les voitures. « Vous, vous aimez les costumes et les bagnoles, comme tous les cons », lui dit un jour un de ses « amis » : c'est André lui-même qui rapportait le propos.

Ajoutée à celle de la bonne bouffe, sa passion automobile faisait de ce Nivernais d'origine un authentique Français, comme en décrivaient parfois Audiard et Lautner, la culture en plus. Il promenait sur le monde un regard désabusé, lucide, parfois faussement étonné, auquel se laissaient prendre ceux qui ne connaissaient pas son humour flegmatique ni son goût du second (ou troisième et même quatrième) degré.

À TF1, il voyait venir de loin les courtisans, flagorneurs et autres adeptes de la servilité. Je me souviens encore d'un journaliste, dont on taira le nom, mais surnommé le « Hanneton », qui, faisant irruption dans son bureau et croyant se faire bien voir du nouveau directeur, lui lança : « André, je dois vous prévenir : dans cette maison, il y a un complot contre la création ! » Et André, sérieux comme un ennui, toisant son interlocuteur d'un sourcil haut levé à la Fernand Gravey, jouant les étonnés : « Quoi ? Il y aurait un complot dans cette maison et je n'en serais pas informé ? »

Nous en rions encore, nous, c'est-à-dire Olivier Barrot et moi, qui formions à l'époque, avec André, un trio inséparable jusqu'à sa mort en juillet 1997. Encore aujourd'hui, avec Olivier, nous évoquons les fous rires, agapes diverses, longues marches en forêt, délires verbaux, fulgurances comiques, contradictions de tous ordres qui étaient le quotidien de ce misanthrope joyeux et irremplaçable.

Sacré André ! Il n'y a pas une journée où je ne pense à lui.

Lorsqu'il s'installe dans son bureau, tour Montparnasse, son programme tient en peu de mots : « étonner, provoquer, s'adresser au téléspectateur en respectant son intelligence ». Aïe ! Malgré un cynisme volontiers affiché, André Harris – comme nous, ses amis, qui le suivront dans cette brève aventure – a pris au pied de la lettre les proclamations ambitieuses des nouveaux dirigeants de la

France. Faire une télévision de qualité... certes. Mais s'adresser à l'intelligence du spectateur, voilà bien une entreprise suspecte !

André Harris confie la charge des documentaires et magazines à Gilbert Lauzun : licencié de l'ORTF en 1963, celui-ci s'occupait alors de l'audiovisuel à l'ONU, à New York. Olivier Barrot, ex-responsable du cinéma à la Maison de la culture de Créteil et coordinateur, en 1975-1976, de la Semaine de la critique du Festival de Cannes, devient responsable de la fiction. J'accepte, après moult hésitations, de m'occuper de l'unité variétés et divertissements. Hésitations, parce que, depuis toujours, je fais mes petits trucs dans mon coin. Responsable de moi, de mon équipe, mais pas « patron ». Libre, indépendant, pas responsable d'une grosse machine. Pas chargé de gérer le personnel et surtout pas de virer des gens. Mais c'est une belle aventure, et André Harris est mon meilleur ami.

En arrivant, il faut faire un état des lieux. Je m'aperçois vite que les variétés ne sont guère variées, parfois même plutôt avariées, et que la musique la plus jouée est celle du tiroir-caisse ! Disons, pour être précis, que depuis toujours les variétés sont « affermées » au même petit noyau de producteurs – essentiellement les Carpentier –, eux-mêmes très liés aux mêmes maisons de disques.

Nous tentons de faire bouger tout cela, d'ouvrir les accès aux émissions, de faire venir de nouveaux talents, de clarifier les choix. En décembre, notre grille présente quelques nouveautés et laisse voir quelques absences. Pierre Bellemare et Danièle Gilbert sont partis. Michel Polac et son « Droit de réponse » viennent animer le samedi soir. Anne Sinclair s'installe en quotidienne à 12 h 30. Le grand show de divertissement passe du samedi au vendredi et quatre producteurs, en alternance, l'assurent : Jean-François Kahn, Jean Bardin, Michel Legrand avec son « Grand studio », et... les Carpentier, qui passent de « numéro 1 » à... « Formule 1 » ! Alain de Sédouy remplace Michel Fugain le samedi après-midi. Et, sacrilège suprême, je supprime l'Eurovision ! Ce fast-food musical qui ne passionnait plus les spectateurs depuis longtemps coûtait très cher à la chaîne pour une audience de plus en plus mince. Mais beaucoup de gros intérêts en dépendaient. Ça « couine » beaucoup. Nous avons droit à une intervention de Jack Lang et même de Pierre Mauroy, le Premier ministre de l'époque, au nom de la culture bien sûr ! Mais je tiens bon et, par là même, je rends un grand service à TF1. Cela aurait dû au moins me valoir une statue en pied dans le grand hall !

Il faut, en effet, connaître l'un des points essentiels du règlement de l'Eurovision. Le pays gagnant une année devient le pays organisateur l'année suivante, avec tout ce que cela implique de contraintes, de dépenses et de problèmes de sécurité lorsque sont en lice des pays « sensibles »... Autant dire que remporter le concours de l'Eurovision est un cadeau empoisonné. J'y vois d'ailleurs la principale explication à l'effroyable daube qui est proposée régulièrement : espéranto musical, volapuk mélodique, crétinisme généralisé des paroles... On sent bien que les responsables des sélections mettent la barre de plus en plus bas d'année en année, sur le thème : « Pourvu qu'on ne gagne pas, sinon il faudra s'y coller l'an prochain ! » En général, ça marche, mais il arrive parfois un « accident industriel », et c'est ainsi que la France a remporté une ou deux fois le concours... Mais TF1 s'en tape puisque – je n'hésite pas à m'en glorifier – c'est le service public qui a recueilli l'héritage de ce joyau musical européen que le reste du monde nous envie.

Coup de jeune avec des vieux

Je tire encore fierté de ce que j'ai mis à l'antenne pendant ces quelques mois. Notamment Michel Legrand qui, avec son « Grand studio », en direct des Buttes-Chaumont, une fois par mois, ringardisait définitivement les incontournables Sheila, Sardou et Vartan. Il faisait venir les meilleurs artistes du monde entier : Tony Bennett, Ray Charles, Jerry Lewis, Léo Ferré, Claude Nougaro, Liza Minnelli, Lalo Schiffrin et tant d'autres.

Jean-Christophe Averty avait adapté pour nous sa célèbre émission de radio, « Les cinglés du music-hall ». C'était un triomphe, avec des innovations techniques jamais vues à l'écran.

Mais il y en avait aussi pour tous les goûts : Stéphane Collaro créa « Coco-boy » et son « Bébête show ».

En dehors des rendez-vous reconnus, je voulais laisser la porte ouverte à des « coups », des « one shots », lorsque l'occasion se présentait d'un beau rendez-vous avec un artiste. Nous avons ainsi pu faire un « show Bedos » – lui qui était interdit d'antenne jusque-là –, un spécial Montand, un concert Karajan, Ella Fitzgerald à Monte-Carlo, Johnny Hallyday au Palais des Sports, et une trilogie d'adieu aux Frères Jacques qui mettaient un point final à leur carrière. Il y a même eu – *Les Perses* de célèbre mémoire peuvent s'aligner... – des opéras à 20 h 30 : Wagner, enregistré à Bayreuth, ou Offenbach.

Intermittent du spectacle

Nous étions venus pour faire bouger les choses. Nous les avons bougées. Ça a dérangé. Les habitudes. Les intérêts. Les féodalités. La presse a écrit que les téléspectateurs « ne reconnaissaient plus leur télévision ». On ne leur a pas laissé le temps de s'y habituer. Un an à peine.

À l'automne 1982, l'expérience prend fin.

Michel May remplace Jacques Boutet, Jean Lallier prend le fauteuil d'André Harris. Tous deux sont des militants politiques. Ils s'entourent de gens du sérail qui en quelques semaines démoliront tout ce que nous avons mis en place. Le réalisme néosocialiste libéral se met en place : il faut faire de l'écoute à tout prix.

Post-scriptum

Avant de me signifier mon congé, le nouveau P-DG de TF1, Michel May, me propose, avec les compliments d'usage sur mon « grand talent, etc. », de prendre en charge un magazine hebdomadaire diffusé le dimanche soir. Pourquoi pas ? Contrat est signé. Mais le nouveau responsable des week-ends, Jean-Pierre Alessandri, semble ne pas m'apprécier. Il confie l'émission à André Bercoff, José Artur et Clément Garbisu. Je m'étonne. On me couvre d'éloges. C'est un malentendu. Bien sûr. Dorénavant, on me parle d'une émission mensuelle. Pourquoi pas ? Je propose de la faire réaliser par Jean-Christophe Averty. Ce sera « L'Académie des Bas Arts ». Première diffusion le 23 septembre 1983. Michel Jonasz, Jean Sablon, les sœurs Labèque, Maurice Vander, Pierre Desproges, Guy Bedos... Il y aura trois numéros de notre « Académie ». Le quatrième, déprogrammé sans que j'en sois averti, sera diffusé deux ans plus tard. Entre-temps, Hervé Bourges, nouveau P-DG de TF1, m'a déjà effacé de sa vue. *Le Matin de Paris* me demande mon sentiment. Je le donne : « Avoir été viré de TF1 est pour moi un honneur. Pourquoi redouter ce que fera Berlusconi ? TF1 le fait déjà. »

6

La guerre des cinq ans

Le seul à avoir vu juste, je dois le dire, avait été Roland Dhordain. Lorsque, à l'été 1981, je m'interrogeais sur l'offre d'André Harris, je l'avais appelé pour lui demander son avis. J'avais alors le choix entre devenir directeur des programmes d'Inter – ce que me proposait Michèle Cotta, qui venait d'être nommée P-DG de Radio France par François Mitterrand – et aller m'occuper des variétés sur TF1. Dhordain n'avait pas hésité une seconde. Je me souviens encore de ses mots : « Je vais te dire ce que tu dois faire, Pierre, mais je vais, ce faisant, perdre mon temps, car tu as, au fond de toi, déjà pris ta décision, et ce n'est pas la bonne. Ta maison, c'est Inter. Tu n'es pas fait pour la télé, ou c'est la télé qui n'est pas faite pour toi. Après quelques mois d'euphorie, tu y seras malheureux et, de toute façon, tu n'auras pas l'occasion d'y rester suffisamment longtemps pour y changer les choses. Choisis Inter, c'est mon conseil d'ami et de professionnel. »

Il avait raison. J'ai eu tort. Mais je n'arrive pas à regretter d'avoir fait ce mauvais choix. Au moins, cela m'a permis de rayer cet univers de mon horizon personnel. Du moins de ce côté-là de l'écran. Car, depuis lors, je n'ai cessé d'y travailler. Mais comme je l'entendais : soit comme producteur d'émissions, de portraits, d'entretiens, tels que j'en avais toujours fait, tels que j'ai toujours aimé en faire, soit comme animateur de magazines, sur M6 ou Paris Première, comme je sais le faire. La télévision peut être un support pour des produits « *home made* », si je puis dire. Mais y vivre, y travailler, se confronter à son univers impitoyable de fric, de vulgarité, de voyeurisme et d'inculture, ça, c'est impossible. Pour moi en tout cas. Dhordain avait vu juste.

De ses bons conseils, j'avais au moins retenu une suggestion, qui se révéla fort utile : « garder un pied dans la maison ». Depuis septembre 1981, j'animais, sur Inter, la tranche 12 heures-14 heures, le samedi. Ce journal d'infos du week-end était ainsi accommodé à la sauce Bouteiller : culture, billets d'humeur, interviews d'artistes, petits reportages sur l'actualité des spectacles, etc. Mais un malheur arrivant rarement seul, tandis que je quittais TF1 à l'automne 1982, Michèle Cotta, elle, abandonnait la radio publique pour prendre la présidence de la Haute Autorité tout juste créée. Remplacée par l'historien Jean-Noël Jeanneney, tandis que Jean Garetto prenait la direction des programmes.

Le nouveau tandem – l'intellectuel ne connaissant rien à la radio et le vieux professionnel ayant une revanche à prendre – avait une idée géniale à mettre en œuvre : dynamiser et « rajeunir » l'antenne en la découpant en petites tranches de quinze à trente minutes maximum, toutes enregistrées et « montées » au préalable, reliées entre elles par des « voix » éthérées chargées de lancer des « plages musicales ». Garetto appelait cela « pleins et déliés »... Seuls les week-ends bénéficiaient d'émissions à peu près normales, mais avec des budgets réduits.

José Artur n'avait plus qu'un quart d'heure quotidien, Jacques Chancel se voyait royalement offrir vingt-cinq minutes ! Claude Villers, entré dans la Maison Ronde en 1961, à dix-sept ans, et qui animait alors le génialissime « Tribunal des flagrants délires », eut le grand toupet de demander une augmentation. Jean-Noël Jeanneney ne lui accorda pas un regard : « Faites vos preuves d'abord ! » lui lâcha-t-il. Villers claqua instantanément la porte. Quant à moi, je me vis offrir un 18 heures-19 heures, le dimanche, avec un budget si réduit que seuls deux chroniqueurs – Guillen et Couderc – pouvaient y être hébergés.

Cinq années de mise au piquet s'ensuivirent. Aucune de mes propositions d'émission ne reçut jamais le moindre commentaire. Aucune de mes demandes de rendez-vous ne reçut jamais la moindre réponse. Je savais que Jean Garetto ne m'aimait pas beaucoup. Je ne savais pas que cette aversion était contagieuse : sans m'avoir jamais vu, ni parlé, mon nouveau P-DG me prouvait qu'il la partageait.

Le masque et la plume

Créé en 1955 par Jean Tardieu, qui dirigeait alors le « Club d'essai » de la RTF, « Le masque et la plume », celui-là même que l'on peut toujours entendre aujourd'hui, « mis en scène » par Jérôme Garcin (à qui j'en ai remis les clefs en 1989, lorsque je devins directeur des programmes), était animé par l'écrivain (et futur diplomate) François-Régis Bastide. On y traitait alors exclusivement de théâtre et de littérature, et les empoignades verbales entre Georges Charensol, des *Nouvelles littéraires*, et Jean-Louis Bory, du *Nouvel Observateur*, attiraient au studio 104, où avaient lieu les enregistrements, un public nombreux et passionné. L'émission – la plus ancienne de la chaîne – était diffusée le dimanche de 20 heures à 21 heures, comme elle l'est encore aujourd'hui, en dépit des tentatives de nombre de présidents de passage, toujours tentés d'exiler dans des coins sombres une tribune culturelle où la liberté de ton et l'insolence dérangent toujours quelques puissances. Nommé ambassadeur par François Mitterrand, fin 1982, François-Régis Bastide fit le forcing pour que je lui succède. Je lui dois sept années de bonheur professionnel rare.

J'étendis le domaine du « Masque » au cinéma et engageai de nouveaux critiques : Gérard Lefort, de *Libération*, Jacques Siclier du *Monde* et Guy Dumur du *Nouvel Observateur*, Odile Grand, alors à *Cosmopolitan*, et Brigitte Salino, également du *Monde*. Pas de censure, évidemment, un bon zeste de mauvaise foi tolérée, mais surtout de la bonne humeur et du talent. La formule a fait la preuve de sa bonne santé. Elle continue à fonctionner.

Mais elle ne m'a pas valu pour autant la reconnaissance de mes chefs. En mars 1986, j'apprends en même temps que les auditeurs que le « Masque » sera dorénavant précédé, chaque dimanche, par une émission... littéraire ! Dans son communiqué, la direction de France Inter déclare que « c'est à Pierre Bouteiller de voir s'il continue à traiter les livres ou s'il préfère se recentrer sur le théâtre et le cinéma ».

Comme mauvaise manière, on peut difficilement imaginer mieux. Je ne me suis évidemment pas « recentré », comme on m'y invitait si cordialement. Et il faut reconnaître qu'à l'inverse du « Masque et la plume », « Interlire » – puisque tel était le nom de cette émission « littéraire » – n'a pas durablement marqué les mémoires.

Ce fut, avec le duo Jeanneney-Garetto, une guerre de cinq ans. Faite d'humiliations, de remontrances, de coups fourrés, de désaveux publics et de petits complots minables. Cela m'a usé, je l'avoue. Mais j'ai survécu. Et, au fond, j'ai pu continuer à faire mon métier comme je l'entendais, sans céder un pouce de liberté.

La promo

Claude Brasseur a eu un jour une formule que je n'ai jamais oubliée et qui s'applique parfaitement à la critique. Il parlait des « trois âges du cinéma : le parlant, la couleur et la promotion ». Aujourd'hui, en matière d'émissions qui traitent de cinéma, que ce soit sur les chaînes de télévision, publiques comme privées, ou sur les radios commerciales, il ne peut plus y avoir de vraies critiques. Les intérêts commerciaux sont trop énormes. Ceux qui se risqueraient à ne pas présenter comme un évident chef-d'œuvre le film sortant le jour suivant sur nos écrans s'exposeraient immédiatement aux mesures de rétorsion bien connues dans la profession : plus question, pour eux, de recevoir à leur micro ou sur leur plateau la moindre « paillette » d'envergure nationale. C'est rapide, discret, et toujours efficace. Voilà pourquoi vos télés et vos radios sont muettes sur les navets du cinéma français et étranger.

Seul lieu où la critique est libre : la radio publique, à condition que sa direction soutienne ses journalistes et ses producteurs. Et que ceux-ci, bien entendu, aient envie de faire usage de cette liberté enviable. « Le masque et la plume », qui fêtera cette année ses cinquante printemps, a su préserver ce privilège unique dans l'audiovisuel. Et son audience prouve à ceux qui en douteraient que la liberté, ça peut payer !

Public-privé

Ayant commencé ma vie professionnelle et appris mon métier dans une radio privée, et ayant, par la suite, poursuivi et achevé mon parcours dans le public, je pense avoir une assez bonne appréhension des avantages et des inconvénients des deux systèmes. Depuis longtemps, c'est la qualité du service public – lorsqu'elle existe... – qui oblige le secteur privé de l'audiovisuel à ne pas sombrer totalement dans le plus facile, le plus vulgaire, le plus racoleur, autrement dit le plus vendeur. À la radio, la démonstration du contraire a été donnée chaque jour par France Inter, avec des émissions de qualité qui ont dépassé en audience les émissions disons « plus populaires » des autres radios généralistes.

Au milieu de l'après-midi, une heure consacrée à la musique classique sur Inter dépassait en nombre d'auditeurs les programmes d'Europe et de RTL. Idem pour le choix de mettre de 20 heures à 21 heures un magazine culturel, lorsque les radios concurrentes parlent sport ou « poussent » des disques. Le week-end, avec des concepts ambitieux (reportages, cultures du monde, grands entretiens, etc.), France Inter a été pendant longtemps en tête des généralistes. Ce qui démontre que le « service public » est un vrai service rendu à un auditoire qui attend de « sa » radio des émissions qui, comme le dit le cahier des charges de France Inter, « éduquent, informent et divertissent », sans tomber dans le racolage vulgaire et la facilité équivoque.

Tentations

Parmi les nouveaux dirigeants de nos chaînes publiques, on voit grandir cette tentation déjà tellement visible à la télévision : s'aligner sur le « commercial » pour courir derrière un audimat mythique. À cela, plusieurs raisons. D'abord la nomination, à la tête de Radio France, d'hommes qui ont avant tout en tête leur plan de carrière, et bien peu de notions de ce qu'est la radio, surtout celle de service public. Car le service public est devenu pour eux – l'air du temps le veut ainsi – le symbole même d'un passé haï, celui de l'État interventionniste et du mauvais esprit qui va avec. Ces hommes-là n'ont désormais en bouche que les mots « rationalisation, rajeunissement, compétitivité, modernisation... », comme s'ils dirigeaient – rêve secret ? – TF1, Air France. Comme s'ils oubliaient (mais est-ce vraiment un oubli ?) qu'à l'inverse de ces entreprises, Radio France, si elle doit évidemment éviter de perdre de l'argent, n'est pas tenue d'en gagner.

Faire de l'audience est un devoir. Sinon, quel serait le service rendu à un public absent ? Mais pas à n'importe quel prix. C'est bien là la ligne de crête sur laquelle un dirigeant responsable doit tracer sa route : servir le public – ou plutôt « les » publics – sans s'abaisser à lui donner ce que le privé a trouvé rentable de lui donner.

Projet d'entreprise

Le problème du public par rapport au privé, je finis par l'admettre, ce sont ses dirigeants, nommés par le politique. Oui, le politique. Qui peut sérieusement croire que les membres du CSA, nommés par le pouvoir, seraient miraculeusement préservés des amicales pressions de ceux qui les ont mis en place ?

Dans les chaînes privées, les critères professionnels dominent : les « entrepreneurs » choisissent la

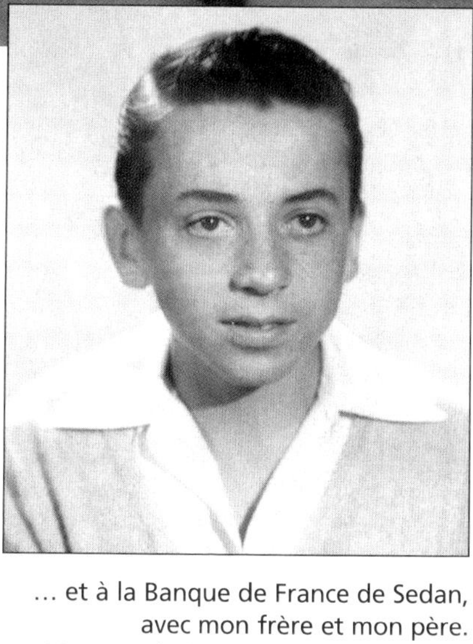

Figure imposée dans le « livre de souvenirs » : les photos de famille. Ci-dessus : mes parents Charles et Isabelle, mon frère aîné Jacques, dans une rue de Marseille…

… et à la Banque de France de Sedan, avec mon frère et mon père. L'auteur du livre : c'est le plus petit…

Mes début à la radio…
La voiture est un cabriolet 403 Peugeot de couleur jaune à capote noire siglé Europe n° 1.

Qui est donc cette cantatrice à côté de Pierre Bouteiller ?

Autoportrait réalisé dans le studio François-Périer d'Europe n° 1 avec un Rolleiflex 6x6 muni d'un déclencheur à retardement…

Années 1970. Dans mon bureau à France Inter.

L'équipe d'Antenne 2 réunie autour de Marcel Jullian en 1974. Au cas où vous me chercheriez, c'est très simple : le type à droite de la photo (le seul à avoir un verre à la main).

Les deux premiers éléments de ce qu'on appelait à France Inter, dans les années 1970, le système A.B.C. (Artur, Bouteiller, Chancel).

La pratique du piano en amateur m'a permis de faire mon intéressant auprès de professionnels indulgents : ici, Barclay, Trenet, Montand.

En compagnie de Charles Aznavour : que dire de plus ?

Avec Oscar Peterson, l'un des plus grands pianistes de l'histoire du jazz : celui dont l'immense talent décourage tous les pianistes amateurs, dont je fais partie.

Isaac Stern. Avec Stéphane Grappelli, il est l'un des musiciens m'ayant toujours fait regretter qu'on ne puisse pas être autodidacte au violon.

Il faut savoir assumer
ses contradictions : dans ce livre,
je stigmatise la pratique
du « name dropping »,…

… et pourtant je ne résiste pas
à la narcissique satisfaction
d'avoir reçu quelques figures
qui font bien dans le tableau…

… entre autres :
Romy Schneider,
Coluche, Jeanne
Moreau, Michel
Serrault.

© N. Loustalot

Quelques « paroles » avec Jacques Prévert.

Jean d'Ormesson. C'était bien…

© R. Picard / Radio France

À la différence du tennis, à la radio on dure longtemps et on travaille sans filet (avec Alexandre Debanne, Jean-Loup Dabadie et Henri Salvador).

Photos non créditées : collection de l'auteur

Je ne fais pas partie de la « bande à Ruquier ». Tout simplement, le directeur que j'étais alors avait été invité à l'émission… Tiens ? Pourquoi ?

1998 : Quand un professionnel nomme des pros à la direction des chaînes : Jean-Marie Cavada (P-DG de Radio France), Laure Adler (France Culture), Pascal Delannoy (France Info), Jean-Luc Hees (France Inter), Pierre Bouteiller (France Musique).

© Abramowitz / Radio France

1er avril 1999 : La dernière séance de l'émission « Quoi qu'il en soit ». Vous reconnaissez (ou vous ne reconnaissez pas) Philippe Collin, Isabelle Motrot, Katherine Pancol, Kathleen Evin, etc. Qu'on se rassure : ils – et elles – se sont tous « recasés » depuis.

ligne et les meilleurs « produits » pour l'appliquer. Dans le public, le nouveau dirigeant, choisi pour ses appuis, grâce à ses réseaux, et en ayant juré de sa fidélité, n'a qu'un moyen d'assurer sa réélection ou son recasage, au terme de son mandat, dans un autre fromage de la République, si possible encore plus prestigieux : prouver que son prédécesseur était un incapable en cassant tout ce qu'il a mis en place et en proposant un nouveau « projet d'entreprise ». Celui-ci commence généralement par l'installation d'une vaste et nouvelle équipe de direction, qui aura pour tâche « d'entreprendre une réflexion à long terme sur les missions d'une radio de service public face aux défis de la période ». Bla bla technocratique et festival de langue de bois. À chaque nouveau P-DG, le même cirque recommence.

Dans le fatras de ces rapports, tous les mêmes depuis trente ans, j'extrais ces quelques lignes : « Par son appartenance au secteur public de l'audiovisuel, sa mission est de contribuer à l'expression du pluralisme, gage de démocratie, et de prendre en compte la diversité des goûts, des options et des cultures. » Qui n'applaudirait à une telle proposition ? Continuons : « La différence dans l'offre, qui, multiple et diversifiée, épouse les attentes du public, est à leur service et leur propose des programmes aux identités fortes et aux images claires. » Effectivement, on voit mal une chaîne proposer des identités faibles et des images floues...

Une autre constante chez les P-DG qui viennent du politique et de l'énarchie, c'est le culte du jeunisme. Ils doivent se dire : qu'est-ce que je pourrais faire pour me faire bien voir puisque ce qui compte pour le pouvoir, c'est les jeunes ? Parce que c'est la clientèle qu'on drague en politique, et pas seulement en politique mais également dans la publicité. Alors, systématiquement, les présidents de Radio France qui se sont succédé et qui ne viennent pas du terrain, les non-professionnels, disons les « touristes », les « amateurs », font un grand dégagement sur les jeunes. Exemple : « Il existe un auditoire qui recherche des programmes plus élaborés et plus variés que ceux diffusés sur les réseaux musicaux. France Inter doit le conquérir en redynamisant son image, en travaillant sa grille de programmes, de manière à mieux répondre tant aux nouvelles pratiques d'écoute de ce public qu'à sa sensibilité. » Encore une fois, là, qui ne pourrait souscrire à une telle générosité envers le public jeune ?

On sait ce qu'il en advient, on en a eu récemment un exemple éclatant dans le privé, à RTL. Le jeunisme en radio et en télé est comparable à celui du tennis où on a sa carte vermeille à trente ans ; après trente ans, surtout à la télé, on n'est plus rien. Alors, le culte du jeunisme consiste à éliminer les producteurs et productrices d'émissions dont on pense qu'ils ont dépassé la limite d'âge. Résultat : on fait fuir toute une clientèle fidèle à France Inter, ou aux généralistes, qui ne se reconnaît plus dans la nouvelle antenne, et on ne fait pas venir un seul jeune à l'écoute. Encore bravo ! Ç'a été le cas, non seulement à RTL, avec Bouvard, mais aussi à France Inter où on a fait disparaître des émissions de qualité pour mettre à l'antenne des émissions qui n'attirent aucun jeune. Mais ça ne fait rien, le couplet obligé sur le jeunisme est non seulement chanté mais aussi mis en application. Et le nouveau président, le « touriste amateur », croit se faire bien voir de la tutelle et espère ainsi qu'il sera reconduit dans ses fonctions.

Bien sûr, en langue énarchique, pas question d'oublier le nécessaire « développement » : « Pour un nouveau développement, consolider l'existant est une nécessité, mais il ne s'agit pas de rechercher une illusoire stabilisation ; le paysage radiophonique connaît une constante évolution que Radio France a le devoir d'anticiper. Il faut donc poursuivre le développement déjà engagé et poursuivre la diversification de l'offre des programmes. » Là encore, on a un feu d'artifice de langue de bois. Langue de bois qui, de présidence en présidence, court à travers des « projets d'entreprise » qui finissent aux archives, pour l'édification des chercheurs du XXIIIe siècle !

Et puis, sans vouloir enfoncer des portes ouvertes (mais il est parfois des portes qu'on croit ouvertes qu'il ne faut pas enfoncer mais simplement ouvrir...), sans vouloir non plus mobiliser les grands mots, il faudrait rappeler l'existence de certaines « valeurs » qui devraient trouver leur expression sur le service public. Au premier rang : la laïcité.

De ce point de vue, il y a encore du boulot, ne serait-ce qu'avec les déclarations aux différents médias du nouveau président de Radio France se définissant comme « gay, catholique et libéral ».

Même si, dans un premier réflexe, on serait tenté de répliquer : « On s'en fout ! », on peut s'interroger et se demander comment on réagirait face à un président qui se proclamerait « hétéro, agnostique et dirigiste ».

Curieusement, depuis septembre 2004, le dimanche matin, France Musiques programme de la musique religieuse... Mais, compte tenu de l'indépendance et de la forte personnalité des directeurs de chaînes, il ne peut s'agir que d'une coïncidence !

Le plus extraordinaire dans tout ça, c'est qu'en dépit de ces « catastrophes industrielles » qui nous tombent dessus, tous les cinq ans dorénavant, la radio publique existe encore. Le mérite en revient à ceux et celles qui, quotidiennement, se défoncent pour faire des émissions de qualité – en dépit du peu de reconnaissance qu'ils reçoivent de la part de leur direction. Et aussi à l'extraordinaire fidélité de leurs auditeurs. Les meilleurs du « paysage radiophonique », sans nul doute.

7

Reine d'un jour

Changement d'herbage, on le sait, réjouit les veaux. À Radio France, les vieux de la vieille le savent : les directeurs passent, les routiers restent. Serrer les dents et attendre que le vent tourne est généralement la conduite la plus sage, à condition, bien sûr, de placer son désir de travailler sur la radio publique avant son ego malmené. En 1988, Jean Maheu succéda à Jean-Noël Jeanneney et Ève Ruggieri remplaça Jean Garetto. Les fameux « pleins et déliés » qui avaient découragé nos auditeurs par milliers furent remisés au placard des fausses bonnes idées. La nouvelle directrice des programmes en avait tiré les conséquences : « On est arrivé à un point de saturation par rapport à ces radios qui "déménagent". On bouscule sans arrêt l'auditeur parce qu'on a peur qu'il s'en aille si on le laisse souffler ! Pour le garder, il faut le séduire. Et se donner le temps de créer une relation. »

Retour, donc, aux valeurs sûres. Chancel retrouve ses « Radioscopies » à 17 heures, Artur revient à 23 heures avec un nouveau Pop Club, et Villers réintègre « sa » radio. Quant à moi, je me réinstalle à 18 heures avec un magazine intitulé « Au bénéfice du doute ». Petit clin d'œil aux sceptiques en tout genre. On y parlera, comme j'aime, de tout : mode, cinéma, théâtre, littérature, publicité, air du temps, et – chose impensable sous le règne précédent – de politique. Une nouvelle chroniqueuse rejoint la troupe des habituelles mauvaises langues – Pierre-Yves Guillen, Philippe Couderc, Jean-Didier Wolfromm... –, Kathleen Évin, journaliste venue de la presse écrite, dont les petites chroniques acerbes, le lundi et le jeudi, vaudront à Ève Ruggieri (qui ne nous en soufflera jamais mot) pas mal d'interventions scandalisées. Gérard Miller, qui a, depuis, fait carrière à la télévision, rejoint également l'équipe pour décrypter, à sa façon provocatrice, l'inconscient de la société.

Directeur : pour quoi faire?

À la fin de l'été 1989, Ève Ruggieri, alors directrice des programmes de France Inter, est nommée au même poste à Antenne 2. Il urge de la remplacer pour assurer la rentrée d'octobre et les ajustements de grille de janvier 1990. Le président de l'époque, Jean Maheu, se met donc à consulter et à envisager plusieurs noms possibles dont le mien. Maheu a toujours été un homme discret, voire prudent : nos rencontres se font donc dans d'obscurs débits de boisson ou salons de thé improbables, de préférence le dimanche après-midi – on ne risque pas de tomber sur des journalistes chargés des rubriques médias qui feraient « fuiter l'info » comme on dit... Je suppose qu'il agissait de même avec les autres « envisagés », comme Yves Mourousi, qui, lui, était officiellement candidat, ce qui n'était pas mon cas, me trouvant très bien là où j'étais.

Maheu devait penser que, tant qu'à nommer un nouveau directeur, autant prendre un professionnel, et de préférence à l'intérieur de la maison ; pour un président qui n'était pas du métier, ce n'était pas mal raisonné... Ainsi, je me suis retrouvé à la tête des programmes de France Inter, dans un fauteuil que je ne convoitais pas ! J'ai fait « contre bonne fortune bon cœur » en acceptant ce que beaucoup de mes amis me conseillaient de ne pas refuser, sur le thème : « À ton âge, il est temps de passer de l'autre côté... Au lieu de faire, il vaut mieux faire faire... Tu n'en as pas marre de raconter tes conneries tous les jours, à la même heure, au même micro ? » et autres encouragements certainement désintéressés, mais enfin – on ne sait jamais – dans toute relation plus ou moins amicale, il y a parfois un futur animateur radio qui sommeille et ne demande qu'à être réveillé...

J'ai vite chassé ces mauvaises pensées et me suis déguisé en directeur, en essayant de garder une lucidité qui fait parfois défaut dans notre univers, ô combien surfait, de l'audiovisuel. Et en quoi consiste la lucidité dans de pareils moments si ce n'est à se répéter : « Je viens d'être nommé, quand serai-je viré ? » À partir de là, on peut commencer à travailler sereinement, en méditant sur les contradictions inhérentes à ce genre de situation, et d'abord celle-ci : si on nomme un directeur venu de l'antenne, alors, on dégarnit l'antenne... oui, mais si on nomme un non-professionnel, ou bien il se plante tout de suite, ou bien il est capable d'apprendre le métier, mais le temps qu'il l'apprenne, il sera trop tard, etc.

Les réponses à ce genre de dilemme varient selon les « décideurs » : Jean Maheu avait donc choisi la solution du professionnel que je suis. J'y ai vu plusieurs avantages – et pas seulement ceux auxquels on croit –, entre autres celui de m'administrer une petite leçon d'humilité. Je m'explique : à l'antenne, ça ne marchait pas trop mal pour mon magazine, qui bénéficiait d'une bonne audience, d'une image positive et d'une presse favorable; autrement dit, tous les éléments étaient réunis pour générer le syndrome de la « grosse tête ». Comme chacun sait, les cimetières de la radio sont remplis de gens irremplaçables!

Ma première décision de directeur a donc été de me virer de l'antenne et de trouver des remplaçants pour les deux émissions dont j'avais la responsabilité. Pour la quotidienne, ce fut l'un de mes fidèles compagnons de magazines, chroniqueur de talent (décédé depuis), Philippe Aubert, qui allait donc présenter tous les jours de 18 à 19 heures « son » magazine, assez logiquement baptisé « Aubertinage ». Quant à la seconde émission – hebdomadaire, celle-là – « Le masque et la plume », rendez-vous emblématique de France Inter que je produisais depuis 1982, j'en confiai la charge à Jérôme Garcin. Sans tomber dans l'autosatisfaction, j'espère avoir eu la main heureuse, puisque, à l'heure où j'écris ces lignes, Jérôme Garcin continue à présenter cette tribune où la libre parole s'exerce au détriment (ou au bénéfice) du théâtre, du cinéma, de la littérature et – trop rarement – de la musique.

Une fois cette auto-éviction de l'antenne effectuée, il fallait passer à autre chose de bien plus important : faire le directeur... Et c'est là qu'on est confronté au dilemme que connaissent tous ceux qui succèdent à quelqu'un à un poste de responsabilité : soit on ne fait rien et on se fait taxer de « grosse feignasse », tout en se demandant ce qu'on est venu faire ; soit on tombe dans la mégalomanie du « Terminator » radiophonique, passant au lance-flammes tout ce qu'a construit celui qui vous a précédé, au nom du fameux : « Mes prédécesseurs ? des incapables. Mes successeurs ? des arrivistes ! »

Entre ces deux excès, j'optai pour une solution médiane : changer, oui, mais uniquement ce qu'il y avait à changer (du moins, de mon point de vue) et en prenant mon temps, voire celui des autres. Le temps : ce qui manque le plus aux responsables du service public par rapport à ceux du secteur privé, qui restent en place parfois plus de dix-huit ans, comme à TF1 ou M6. J'étais donc déterminé à changer, certes, mais à doses homéopathiques ; ce qui, j'en conviens, est quelque peu hypocrite : « changer tout », mais sans se faire prendre...

L'une des difficultés, lorsqu'on accède à ce genre de fonction, consiste à trouver un équilibre – subtil, bien sûr ! – entre deux attitudes : rassurer les gens de l'antenne et, en même temps, leur faire comprendre que rien n'est éternel. Je dois en convenir : c'est un exercice beaucoup plus facile pour un « pro » que pour un « touriste ». Le « touriste » – enfin, le non-professionnel, si on préfère – est attendu au tournant par les producteurs, animateurs, journalistes, présentateurs, sourire compassionnel en coin face au nouveau boss, qu'ils espèrent bien rouler dans la farine radiophonique, en le persuadant – l'un après l'autre – de l'excellence de leur production et de l'impérieuse nécessité qu'il y a de les prolonger à l'antenne, pour le même programme, à la même heure, jusqu'à la fin des temps audiovisuels.

Avec l'un des leurs, c'est plus compliqué. Toutes les ficelles dialectiques du métier, il les connaît pour les avoir utilisées avant eux : j'en sais quelque chose... « Le nouveau dirlo, ça ne va pas être de la tarte ! Depuis qu'il est là, Bouteiller connaît tout le monde dans la maison, et il appelle chaque micro par son prénom. Ce n'est donc pas la peine d'essayer de la lui faire ; plutôt lui rappeler que nous sommes des amis de trente ans ! » Voilà le genre de réflexions se propageant à l'intérieur de la maison, avec d'autant plus de rapidité que, grâce au caractère circulaire du bâtiment – comparable à la célèbre mairie d'Ambert, chère aux « copains » de Jules Romains –, les rumeurs y vont plus vite que les gens... Et en ce qui concerne les « amis », je ne me suis guère fait d'illusions : j'ai toujours été naïf, mais pas au point d'ignorer le sens tout relatif qu'il faut donner à ce terme. Et ce ne fut pas une découverte de constater, à mon tour, ce phénomène banal, dans cet univers comme dans d'autres : au moment de votre nomination, le nombre de lettres est inversement proportionnel à celui qui (ne) vous parvient (pas) au moment de votre départ. Et une leçon de modestie de plus ! Comme a dit je ne sais plus qui : « Pour la modestie, je ne crains personne ! »

Parmi les innombrables lettres de félicitations me parvenant pour cette nomination – toutes sincères et désintéressées, bien sûr –, je ne résiste pas au plaisir de reproduire les deux lettres expédiées par Pierre Vozlinsky, à l'époque directeur général de l'Orchestre de Paris, après avoir été responsable de la musique à Radio France dans les années 1975-1981.

Sans doute l'un des meilleurs – sinon le meilleur – directeurs de la musique à la radio. C'est lui qui a haussé l'orchestre national au niveau des plus grandes formations internationales ; lui qui a justifié l'existence du second orchestre de la radio, le NOP (Nouvel Orchestre Philharmonique) en garantissant la complémentarité des deux ensembles ; lui qui a fait venir, quai Kennedy, des figures comme Leonard Bernstein, Lorin Maazel, Isaac Stern, Seiji Ozawa, Sergiu Celibidache... Par ailleurs, c'était – depuis longtemps – un ami personnel (décédé depuis).

Il m'a donc adressé deux lettres : l'une – disons – « officielle », l'autre moins. Voici – fidèlement reproduites – ces deux versions.

Pour la bonne compréhension de ce double courrier, rappelons que « Frisette » est le surnom qu'avait attribué Vozlinsky à Ève Ruggieri...

Version n° 1 :
« Monsieur le directeur, et cher ami,
J'ai appris avec le plus grand plaisir votre nomination à de hautes responsabilités radiophoniques.
Sachez que je m'en réjouis profondément, car je pense que nul autre que vous n'aurait pu, avec les plus grandes chances de succès, assurer la continuité de l'esprit de service public dans une radio nationale de grande audience.
Je vous en félicite très sincèrement et vous prie d'agréer, monsieur le directeur, l'expression de ma haute considération. »

Version n° 2 :
« Vieil ivrogne,
Quand je pense que désormais tu cales ton postérieur de rêve dans le fauteuil où Frisette a officié, je m'en pète les muscles préposés à la rigolade !
Je me souviens du temps où nous pistions les petites violonistes à la sortie de l'école César Franck et je me dis qu'il y a une justice : le vice est finalement toujours récompensé.
Je suis sûr que tu vas prendre ton pied et j'en suis bien content.
Sans rancune. Tchao ! Et à la revoyure ! »

« Quoi qu'il en soit », il faut bien faire le « directeur », en arrivant avec des idées simples sur une chaîne compliquée. Et d'abord organiser, vite fait, une grande réunion. La réunion – dans les entreprises en général, et celles de l'audiovisuel en particulier –, c'est un peu comme le baccalauréat : ça ne sert à rien mais, en même temps, c'est indispensable. Là encore, nouveau dilemme : ou bien vous « montez » des réunions ou vous n'en montez pas.

Dans le premier cas, les gens censés être sous votre autorité ronchonnent : « Ça y est, lui aussi a la "réunionite" : on va encore perdre notre temps à écouter et parler sans jamais rien se dire ! Si vous croyez que je n'ai que ça à faire, etc. » Dans le second : « Bien sûr, pas de réunion ! Absence de communication, direction autiste : il est revenu le temps du mépris ! »

Va donc pour la réunion, avec tout ce que cela implique de bonnes paroles, de langue de bois, de non-dits, de trop-dits, de valses-hésitations entre le laxisme et l'autoritarisme... exercice qui peut être périlleux pour les novices, mais pas pour ceux qui, comme moi – enfin, j'espère –, savent « causer dans le poste » ; quand on a l'habitude de faire de la radio pour 600 000 auditeurs, en faire pour plusieurs dizaines, ce n'est pas plus difficile. Il suffit de déterminer un axe et de s'y tenir. Et, pour cette première réunion des gens de l'antenne, l'axe choisi, ce fut la liberté.

« Un sujet, un verbe, un compliment »

Ce jour-là, je me souviens avoir insisté sur cette liberté, apanage du service public de la radio, qui n'a de comptes à rendre à personne, sauf à ses auditeurs, contrairement au secteur privé, soumis à de nombreuses contraintes dont la première est de ne pas causer la moindre peine à ses annonceurs : essayez de programmer sur RTL ou Europe 1 une émission de défense du consommateur avec une rubrique automobile où l'on va dénoncer le mauvais freinage de tel modèle dont le fabricant est, par ailleurs, annonceur de la station... « La liberté ne s'use que si on ne s'en sert pas », ai-je martelé à l'intention des producteurs-journalistes que j'encourageais à en profiter le plus possible et à afficher clairement leur différence face à leurs homologues de certaines chaînes privées que le renvoi d'ascenseur combiné à la servilité contraint à une posture de « cire-pompes » chroniques, comme s'ils avaient appris leur métier d'intervieweur à l'école hôtelière, appliquant la fameuse formule : « Un sujet, un verbe, un compliment ». Les exemples abondent de ces pseudo interviews où le questionneur s'aplatit littéralement devant le questionné : « Excusez-moi de vous demander pardon, mais comment faites-vous pour être aussi génial ? »

Avec de tels contre-modèles, je n'avais pas de peine à « vendre » l'idée que notre différence à France Inter passait par l'impertinence, le refus d'obtempérer, le persiflage, la liberté de ton, l'indépendance, que sais-je encore ?... Et je les encourageais à repousser la bien-pensance molle et politiquement correcte ; ce qui, *ipso facto*, revenait à préconiser la « mal-pensance dure » et le « politiquement incorrect ». Y suis-je parvenu ? Avec le recul, il me semble que oui, du moins en partie (attention à l'autosatisfaction), avec la mise à l'antenne d'émissions assez atypiques, dont on ne pouvait pas dire qu'elles suivaient une « ligne éditoriale » très marquée, mais qui avaient en commun d'exprimer cette liberté de fond et de ton que je revendiquais. Pour l'incarner, arrivaient sur France Inter plusieurs producteurs-animateurs-journalistes où se mélangeaient des inconnus et des « pointures » à forte notoriété : Bernard Rapp, pour un programme littéraire ; Kathleen Évin, prenant la relève de Marcel Jullian pour la quotidienne consacrée à la télévision, « Écran total » ; Claude Villers qui allait lancer le « Vrai faux journal » ; Gérard Lefort avec son magazine « Pluri-cul et multimed » – entendez par là pluriculturel et multimédia ; Daniel Mermet installant son rendez-vous « libertaire » et nomade : « Là-bas si j'y suis », à 17 heures, succédant à un autre rendez-vous auquel je tenais beaucoup, celui de la musique classique que je confiai, à 16 heures, à Frédéric Lodéon, violoncelliste, chef d'orchestre et, surtout, excellent communiquant, sachant se mettre à la portée d'un public pas forcément connaisseur mais qui ne demande qu'à connaître. Lodéon, c'est un peu à la radio l'équivalent de ce que Leonard Bernstein a été à la télévision américaine dans les années 1950-1960 avec ses émissions destinées à propager le goût de la musique classique auprès des jeunes (et des moins jeunes aussi).

Restait à combler la case « rigolade » de la chaîne... Non pas qu'il y ait une obligation de rire sur une radio de service public – cela ne figure pas dans le cahier des charges – mais enfin, depuis l'invention de la TSF, que ce soit en grandes, moyennes ou petites ondes, les boutades, plaisanteries, bons mots et autres saillies sont devenus un genre radiophonique obligé : le rire est le propre de l'onde...

Un jour, Nicole Rossi, ma « fidèle collaboratrice », celle qui me secondait depuis 1976 et avait fini par me connaître, celle qui finit mes phrases avant que je les aie commencées, me tend une cassette qu'elle avait présélectionnée parmi les dizaines qui parviennent à la direction de France Inter : « Vous devriez écouter ça. » J'ai écouté, fait venir l'auteur de ces enregistrements, qui m'a dit à peu près ceci : « Voilà, j'en ai marre de faire le nègre sur Europe 1 ; je voudrais faire de la radio moi-même. Mettez-moi à l'essai et vous verrez... » Je l'ai mis à l'essai et on a vu : il s'appelait – et s'appelle toujours – Laurent Ruquier.

Avec Ruquier, et les autres déjà cités, la grille d'Inter n'était pas la pire qu'on ait connue de mémoire d'auditeur. Elle a même fonctionné assez bien puisque, dans les sondages, nous avons culminé jusqu'à douze points d'audience. Même si l'audimat n'est pas le critère prédominant pour bâtir un programme de service public, ce n'était tout de même pas déshonorant. En tout cas, tout le monde était d'accord : c'était vraiment une équipe de professionnels. Mais je n'étais pas dupe et je n'allais pas tarder à avoir la réponse à la question qui me taraudait depuis ma nomination : « Quand serai-je viré ? »

8

Les surprises du CSA

En novembre 1995, rattrapé par l'âge, Jean Maheu partit jouir d'une retraite paisible et bien méritée. Directeur des programmes de France Inter depuis cinq ans, homme de radio depuis trente-cinq ans, sur le service public depuis vingt-six ans, connaissant dans tous les recoins le fonctionnement, les moyens, les qualités et les défauts, les atouts et les pesanteurs de cet immense navire, et possédant encore une bonne dose de naïveté, je me suis dit, je l'avoue : « Pourquoi pas moi ? »

Je pouvais mettre en avant un bilan plus que correct. De 1989 à 1995, avec une politique privilégiant la qualité et la diversité des émissions, j'avais hissé France Inter à 12 % d'audience, ce qui, depuis, n'a jamais été atteint. Mais, surtout, j'avais eu le temps de réfléchir à ce que pourrait être une véritable politique globale inter-chaînes pour dynamiser, développer et rationaliser Radio France. Je rêvais à une « RNP », une Radio Nationale Populaire, comme Jean Vilar avait créé un Théâtre National Populaire, « élitiste pour tous », c'est-à-dire populaire sans populisme, et intelligente sans intellectualisme.

J'avais griffonné quelques idées et, avant de me lancer dans cette bataille la fleur au fusil, j'ai voulu avoir l'opinion de quelques amis, plus au fait que moi des arcanes de la maison CSA. Les jeux étaient-ils, comme je le pensais, faits d'avance, ou bien y avait-il une chance, même mince, que des candidatures de professionnels soient examinées du même œil – impartial? – que celles des amis politiques?

Mon ami au CSA

Nommé par François Mitterrand, dont il était un fidèle de longue date, au CSA, Georges-François Hirsch était un ami. Du moins le considérais-je comme tel. Ancien directeur du Théâtre des Champs-Élysées, il avait fait la plus grande partie de sa carrière à la tête d'institutions culturelles où j'avais appris à le connaître et à apprécier ses qualités professionnelles. C'est lui qui me décida à passer à l'acte. Son enthousiasme était communicatif et ses arguments apparemment convaincants. Le CSA, me fit-il observer, était « majoritairement à gauche », six de ses neuf membres avaient été nommés par un président de la République et un président de l'Assemblée nationale socialistes. Ils seraient donc enclins, me jurait-il, à ne pas me regarder comme un adversaire, moi qui avais été « si maltraité par la droite ». J'en acceptai l'augure, même si je me doutais bien qu'à ces altitudes les évidences ne sont pas toujours avérées.

Mais ce que me proposait « l'ami » Hirsch me paraissait plus sûr que tous les calculs abstraits sur les préférences partisanes des uns et des autres : il offrait de me « coacher », comme on dit aujourd'hui en français courant. Bref, de me faire plancher et de me conseiller sur les aspects plus techniques de mon dossier sur lesquels j'étais moins préparé : gestion, finances, développement. Nous nous sommes donc vus régulièrement jusqu'à ce que mon projet nous paraisse au point. J'ai eu, plus tard, des messages de membres « non politiques » du CSA me disant qu'aucun des autres prétendants au poste n'avait, à l'évidence, fourni un exposé aussi structuré et travaillé. Parmi mes propositions, qui touchaient toutes les chaînes et les orchestres, je suggérais ainsi la création d'une « radio sportive » sur notre fréquence grandes ondes et d'une nouvelle chaîne, pour les non-voyants, sur laquelle les meilleurs artistes liraient ou interpréteraient les grandes œuvres littéraires et dramatiques du patrimoine français. Mettre la culture à la portée de ceux qui n'y ont pas accès, n'est-ce pas la première mission du service public ? Et je déposai donc ma candidature à la présidence de Radio France auprès du CSA.

Surprises

Beaucoup d'autres personnalités avaient fait la même démarche. Ivan Levaï, qui dirigeait la rédaction d'Inter, Yves Mourousi, Dominique Alduy, pour ceux dont je me souviens.

Et aussi Patrice Duhamel, que Jean Maheu avait nommé à un « poste diplomatique » à la direction de Radio France, quelques mois seulement avant la fin de son mandat. À l'évidence, ce poste n'était en fait qu'un moyen de le rapprocher du but véritable : le bureau du P-DG. Au CSA, dirigé par l'excellent Hervé Bourges, l'élection de Patrice Duhamel en remplacement de Jean Maheu était déjà « calée ». Ma candidature, légitime et bien préparée, contrariait les petits arrangements en cours. Après nos auditions, le blocage était total. Du moins pour Hervé Bourges qui redoutait, s'il passait au vote, de me voir désigné. Et donc de déplaire fortement aux nouveaux puissants.

On m'a dit que c'est Georges-François Hirsch qui a trouvé la solution. Duhamel était carbonisé. Bouteiller déplaisait. On pouvait annuler l'un avec l'autre et trouver un troisième homme.

Georges-François Hirsch est donc allé chercher Michel Boyon, énarque, giscardien, ancien du cabinet Léotard. Apparemment Hirsch sut être convaincant puisqu'il a rallié à son idée d'un président non professionnel marqué à droite deux autres membres du CSA nommés par la gauche : Geneviève Guicheney qui, malgré sa légendaire forte personnalité et ses convictions solidement ancrées, se laissa convaincre, et le président du CSA lui-même, Hervé Bourges. Boyon obtint six voix. Et moi, trois : celles de Monique Dagnaud, Monique Augé-Lafon (toutes deux nommées par la gauche) et Philippe Labarde (nommé par Philippe Seguin, président de l'Assemblée nationale).

Tous les autres furent, à l'évidence, séduits par les évidentes qualités professionnelles d'un homme qui, tout au long de ses cinq années de présidence à Radio France, eut toujours du mal à distinguer un micro d'un grille-pain.

9

Musique, musiques

L'homme providentiel, Michel Boyon, s'est donc installé au quatrième étage de la Maison Ronde. Je me souviens que, lorsque je passais, parfois, la nuit, sur le quai Kennedy, durant les mois qui ont suivi sa nomination, je m'étonnais de voir, systématiquement, les fenêtres du grand bureau présidentiel illuminées. Cela se remarquait forcément au milieu d'un étage plongé, lui, dans la pénombre. Admiratif, je me disais que le nouveau P-DG devait tenter de rattraper, en potassant ses dossiers jusqu'à pas d'heure, l'ignorance crasse en matière de radio dont il avait fait preuve lors de son audition devant le CSA. Ignorance qui, alors, n'avait pas semblé troubler le moins du monde ni l'impétrant ni ses supporters autour de la table.

Par le plus grand des hasards, j'eus un jour la clef du mystère en écoutant, tout en attendant un ascenseur qui tardait, porte A, dans le grand hall, une conversation chuchotée entre deux huissiers qui ne m'avaient pas repéré.

« Figure-toi, disait l'un à l'autre, que le président s'en va systématiquement sans nous prévenir. Et qu'il a donné des instructions pour que son bureau reste allumé la nuit.

— Pourquoi ça ?

— Au cas où il reviendrait travailler.

— Et il revient ?

— Jamais. »

Il y a un proverbe juif que j'adore mais dont je n'arrive jamais à avoir la version exacte, chacun le citant selon ce qu'il cherche à démontrer. « Dieu est dans les détails », disent certains. « Le diable est dans les détails », disent les autres. Ce qui est sûr, c'est qu'un P-DG doit veiller aux détails.

Quoi qu'il en soit

Débarqué de la direction des programmes de France Inter, je rencontrai Jacques Santamaria nommé sans attendre à ma place. Il me proposa de reprendre l'antenne, de 9 à 10 heures, du lundi au vendredi, avec mes chroniqueurs habituels (Gérard Lefort, Philippe Collin, Philippe Couderc, Catherine Pankol, Isabelle Motrot, Kathleen Évin, Wladimir Donn) dès la rentrée 1996. Ce fut « Quoi qu'il en soit ». Trois années de paix royale, pas le moindre reproche, pas la plus petite pression. Et pourtant, qu'est-ce qu'on a pu balancer ! L'audience était au top. Les regards étaient assassins, mais les propos sucrés.

Je me faisais des petits bonheurs en rédigeant le matin même les billets d'introduction du magazine. Cela demandait parfois de gros efforts comme celui que j'ai écrit pour célébrer à ma façon la semaine de langue française en mars 1998.

« C'est à vous auxquels je parle...
Vous n'êtes pas sans ignorer qu'aux quatre coins de l'Hexagone il faut pallier à beaucoup de difficultés. C'est vrai qu'après les résultats de dimanche ce fut une véritable secousse sismique : tous les pronostics des sondages se sont avérés faux. Certains étaient aussi surpris que s'ils avaient atterri sur la lune.
D'autres se trouvaient désemparés comme des arborigènes en face le progrès. Pourtant il fallait bien être affrontés à la réalité : devant la montée du Front national, la droite se trouve être devant deux alternatives : soit promotionner l'extrême droite, soit l'amener à récépissence...
Pour l'opposition, c'est un véritable dilemne... en d'autres termes on pourrait dire que c'est ennuyant... Certains n'envisagent pas sans déplaisir de quitter les hôtels de région où ils ont précédé à dépenses somptueuses notamment dans les frais d'ameublissement de leurs bureaux. Le moment est venu d'épurer les comptes : il faudra se contenter de menus frugals, et revenir à des manières et des comportements un peu plus frustres... mais n'en doutons pas : tous les nouveaux élus y mettront du sien.
Attendez-y vous qu'il va falloir procéder à des coupes sombres dans tous les budgets, et tâcher moyen de recouvrir une popularité nouvelle sans s'aviliser ni avoir maille à partie avec la Cour des comptes.
Certes, tout cela c'est la faute à la décentralisation amenant les responsables régionaux à ne pas toujours faire preuve d'une grande intégralité. Les citoyens qui élirent leurs représentants doivent se poser des questions notamment à propos de Léotard et Le Pen se détestent l'un, l'autre. Même s'ils

ont parlé ensemble l'un à l'autre. Bref, c'est la fête à l'UDF. Une espèce de drôle de climat est en train de s'installer : c'est un spectacle politique inouï... Les rumeurs battent leur plein... Même si une axiome dit qu'on ne change pas une équipe qui perd, comment faire en sorte qu'il fût possible de ressortir du maelström...
La chose qu'on a besoin nous autres citoyens, c'est un but à remplir... Pour cela, il faut de nouveaux politiques véritablement charistiques. Et ce sera pour finir ma conclusion.

Voilà !... c'était sous l'œil effondré de mes invités, Jean-François Revel et André Dussolier, ma modeste contribution à la “semaine de langue française” dont le début a commencé hier. »

Dans les réunions où nous nous retrouvions nous, les « vieux pros », face à nos nouveaux chefs, il y avait parfois de grands moments que nous savions savourer. On m'a rapporté ainsi une discussion autour du centenaire de Charles Cros où la direction avait réuni quelques spécialistes de la chaîne pour savoir ce qu'il convenait de faire pour célébrer dignement ce pionnier de l'enregistrement phonographique. Michel Boyon était accompagné de sa conseillère, Marie-Luce Starbusky, une ancienne attachée de presse d'Alain Madelin. On avait à peu près fait le tour de la question et listé les émissions spéciales lorsque cette personne émit une idée à laquelle, à l'évidence, personne n'avait pensé : « Et pourquoi donc n'invite-t-on pas Charles Cros ?... »

Il y eut aussi l'arrivée en fanfare du nouveau patron de Radio France à son premier festival d'Avignon où la radio de service public est un partenaire privilégié. Michel Boyon s'y rendait avec ses proches collaborateurs, dans un petit cortège de voitures officielles, et se faisait guider, par radio-téléphone, depuis le quai Kennedy, car il semblait avoir quelques difficultés à trouver son chemin vers le palais des Papes dans cette petite république de cultureux de gauche.

« Écoutez, disait-il, énervé, au conseiller transpirant à grosses gouttes à Paris, je vois une sorte de grand château avec une tour crénelée...

— Ne cherchez plus, monsieur le président, vous y êtes ! »

L'histoire mit cinq petites minutes à faire le tour de la Maison Ronde...

Pauvre Boyon, il n'aura guère profité de son triomphe. Sa première décision, annoncée un peu vite et en public, serait – il le jurait – de « virer Daniel Mermet », ce « gauchiste irresponsable », ce « soixante-huitard attardé » que j'avais installé chaque après-midi à 17 heures dans « Là-bas si j'y suis ». Comme dirait l'autre, sa résolution martiale a fait « pschitt » ! Tout le monde lui a expliqué que, devenu « icône de la gauche altermondialiste », Daniel Mermet était intouchable. Sous peine de scandale médiatique, au risque de voir José Bové entamer une grève de la faim sous son bureau et *Le Monde diplomatique* appeler à des manifs citoyennes, le pauvre Boyon a dû reconduire Mermet.

Laurent Ruquier était aussi dans le collimateur. Trop incontrôlable, trop acide, trop drôle, et pas toujours tendre avec le pouvoir en place. La grande idée de l'équipe Boyon était de le remplacer par... Patrick Sabatier ! Hélas, annoncé à grand fracas dans *France-Soir*, le contrat en train d'être signé avec l'ex-star de TMC donna à l'avocat de Ruquier – pas encore viré – de solides arguments financiers. Ruquier avait une heure et demie d'émission avec moi ; il en eut deux avec Boyon !

Une affaire de « s »

Élu par surprise en 1996 par le CSA, Boyon fut débarqué par surprise en 1999 par le même CSA, présidé par le même Hervé Bourges. Cette année-là, les vents favorables soufflaient dans les voiles du navire Cavada. Et Radio France tout entière – ou presque – a poussé un soupir de soulagement : les amateurs partaient, on applaudissait au retour espéré de professionnels.

Très vite, Jean-Marie Cavada m'a proposé la direction de France Musique. J'ai accepté à une condition : que les orchestres de l'antenne soient séparés. Jusque-là, il y avait une direction de la musique, avec Pascal Dumay, qui chapeautait l'antenne et les services musicaux. Je souhaitais faire de France Musique une radio à part entière, comme Culture, comme Inter, avec des programmes et de l'info, et non un simple appendice de la politique musicale de Radio France.

J'avais une deuxième demande : mettre un s à musique. Pas par simple coquetterie, mais parce que je voulais ouvrir cette antenne à toutes les musiques. Il n'y a pas que le « classique classique », XVIIIe, XIXe, et le baroque à avoir droit de cité. Il y a aussi le jazz, la chanson, le contemporain, la musique répétitive, l'électro-acoustique, il y a toutes sortes de musiques, et je trouvais cette radio bien trop sélective.

Jean-Marie Cavada a accepté ces deux demandes, et les ennuis ont commencé. Lettres de dénonciation, pétitions internes et externes, démarche des syndicats « inquiets », comme il se doit, « pour le statut des personnels... ». Faire bouger les habitudes sur une radio de fonctionnaires – ou d'intermittents devenus permanents – c'est heurter les corporatismes. Ça a beaucoup tangué, et puis nous avons avancé quand même. Et je crois que France Musiques n'a pas eu à s'en plaindre, loin de là. Mais certains producteurs, oui.

Secouer le cocotier

J'arrivais sur une chaîne qui, au fil du temps, avait été affermée à quelques lobbies. Beaucoup d'excellents producteurs – que j'ai gardés – avaient dû, peu à peu, céder la place à des représentants de « chapelles musicales » qui avaient su bien vendre leur bout de gras. Du coup, loin d'être pensée de manière globale, la grille n'était plus qu'un assemblage hétéroclite de petites baronnies destiné à faire plaisir à quelques-uns, sans souci de la lisibilité de la chaîne ni du plaisir de l'auditeur.

Les producteurs, organisés en « société », y faisaient la pluie et le beau temps. Ils se réunissaient régulièrement pour décider de ce qui passerait ou pas à l'antenne et... innovation unique en ce genre : ils étaient rémunérés pour se réunir ! C'est sans doute ce que certains adeptes de la cogestion imaginent dans leurs rêves les plus fous.

L'arrivée d'un directeur décidé, comme tout responsable de chaîne, à mettre sur pied une grille de programmes, après concertation mais en toute responsabilité, était vécue comme un crime de lèse-majesté ! Les premières réunions ont été rock'n' roll, ce qui, finalement, était plutôt normal pour moi qui avais bien l'intention de trouver un créneau pour Philippe Manœuvre, l'un des meilleurs – et le plus talentueux – spécialistes de rock ! J'avais mon petit succès lorsque j'affirmais sans rire à mes interlocuteurs scandalisés qu'il y avait sûrement des choses à améliorer puisque, lorsque j'ouvrais au hasard mon poste de radio, j'étais sûr d'être sur France Info s'il y avait de la musique, et sur France Musique si ça parlait !

Ma première décision – qui cloua le bec à ceux qui m'accusaient à l'avance de comploter contre nos orchestres – fut de doubler l'offre de concerts sur « Musiques ». Il y en avait deux par jour quand je suis arrivé, et quatre quand je suis parti, soit mille quatre cents par an. Des décisions à prendre une par une. Et qui, lorsqu'elles sont prises en conscience, conduisent à refuser de retransmettre dix fois en six mois la *Cinquième* de Mahler parce que l'un de nos orchestres, en tournée, a décidé de ne jouer que cela !

Bla-bla

Doubler l'offre de musique vivante m'a permis de diminuer d'autant la logorrhée qui était la maladie chronique de France Musique. La bonne dose est difficile à trouver. Nous ne sommes pas un robinet à « tubes » classiques comme peut l'être une radio privée telle Radio Classique. Mais je comprends que les auditeurs qui choisissent d'écouter France Musiques ont d'abord envie d'entendre de la musique. Par ailleurs, il est normal qu'un producteur à qui l'on confie une émission ait, lui, envie de s'exprimer, de montrer qu'il connaît son sujet. Tout cela demande du doigté, de la diplomatie et parfois l'acceptation du conflit, voire du clash. Ma plus grande surprise a été de recevoir un très grand – vraiment très grand... – nombre de lettres émanant d'élus politiques, maires, présidents de conseils généraux ou régionaux, sénateurs, députés, etc., s'indignant d'apprendre la suppression de l'émission de M. X ou de Mme Y, qui avaient l'immense intérêt de rendre fidèlement compte du concert annuel, du festival musical ou du concours de chant choral de la ville de Z...

Finalement, les auditeurs ont bien dû y trouver leur compte puisque nous avons vu leur nombre croître régulièrement. J'ai offert le champagne à mon équipe pour un 2,2 % d'audience, à ce jour inégalé. En partant, j'ai laissé cette chaîne à 1,8 ou 1,9, ce qui est plus qu'honorable. Surtout quand on sait qu'elle était à 1,3 à mon arrivée. Je crois qu'une des raisons de ce succès modeste est ma formation de journaliste. J'ai rendu à cette antenne la vie qui va avec le direct. J'ai exigé des producteurs ayant une émission quotidienne qu'ils soient physiquement présents. Une vraie révolution pour ceux qui avaient pris la désastreuse habitude d'enregistrer en studio une dizaine d'émissions à la file, avant de disparaître pour vivre une vie qu'ils jugeaient sûrement plus passionnante que celle pour laquelle ils étaient payés. Empêchant par contrecoup les journalistes de la chaîne d'intervenir à chaud lorsqu'une information importante l'aurait exigé. Pas question d'arrêter une émission enregistrée sans l'accord du producteur !

Certains, je le comprends, n'ont pas gardé de ces cinq ans le même souvenir exaltant. Mais ce fut, sans que je l'aie prévu, une belle façon de terminer ma longue liaison avec Radio France. Dommage que notre rupture se soit aussi mal passée. Mais il était inscrit dans mon karma que les amateurs auraient un jour leur revanche. Ce fut donc en avril 2004.

10

Jazz

J'aimerais marquer une pause dans la chronologie d'un récit autobiographique sur ce qui reste pour moi plus qu'une pratique, une fréquentation quotidienne et même une véritable passion : le jazz. Comme je l'ai mentionné brièvement dans le premier chapitre, j'y suis venu par la radio et, serais-je tenté de dire, pour de « mauvaises raisons ». Le poste de TSF familial diffusait beaucoup de concerts de « grands orchestres » de jazz français qui tentaient de copier, souvent avec succès, les modèles américains, plus connus sous le nom de « big bands », c'est-à-dire un effectif de seize ou dix-sept musiciens (cinq saxophones, quatre trombones, quatre trompettes, et la rythmique piano, basse, batterie, parfois une guitare). Les formations françaises respectaient ce nombre d'instrumentistes : c'était d'ailleurs à peu près le seul point commun qu'elles avaient avec leurs homologues américains. Car déjà, en ces années 1950, le jazz n'était pas vraiment populaire en France, et les musiciens hexagonaux avaient compris que, pour faire passer le message « jazzistique », il fallait l'envelopper d'un emballage comique. C'est pour cette raison qu'ont proliféré, à cette époque, les orchestres comme ceux de Jacques Hélian, Ray Ventura, Alix Combelle, Fred Adison, Raymond Legrand (le père de Michel), Jo Bouillon, pour ne citer que les plus connus. Autant d'artistes fascinés par le jazz d'outre-Atlantique, mais obligés de transformer tous les succès de là-bas en « chansons à sketches » pour attirer et séduire le public français. Dans son genre, c'est Ray Ventura qui a le mieux réussi avec de fameux « tubes » dont le plus connu reste, bien sûr, « Tout va très bien, madame la marquise. Mais d'autres, moins célèbres, démontrent qu'à l'époque on ne reculait devant rien pour aller « chercher les gens sous les fauteuils », comme on le dit familièrement dans l'univers du spectacle : calembours, à-peu-près, grivoiseries, tout était bon, comme en témoigne cette chanson finement intitulée « Ce n'est pas ce que vous croyez ! ».

« Elle lui répondit : c'est très laid
Mais si cela te plaît
Pour satisfaire ta prière
Viens avec moi dans la clairière
Je te montrerai (bis)
Je te montrerai mon mollet ! »

Le « comique » musical était donc le prix à payer pour amener au jazz un public français – pour ne pas dire « franchouillard » – dont la culture musicale n'est pas, et n'a jamais été, celle des Américains. Et cela pour une raison primordiale : la tradition rythmique de notre pays est à trois temps (valse, java, etc.), celle des États-Unis est à quatre temps. Il n'est que d'assister à n'importe quel concert de jazz où les spectateurs – sauf les connaisseurs – battent dans leurs mains sur les temps impairs (un et trois) alors que là-bas, de la côte Est à la côte Ouest, n'importe quel auditeur sait d'instinct qu'on doit marquer le rythme sur les temps pairs (deux et quatre). On me pardonnera, j'espère, cette digression un peu technique, mais elle se révèle indispensable pour appréhender la différence fondamentale entre deux traditions musicales.

Voilà pourquoi, au moment où je me suis éveillé à la musique, j'ai commencé par écouter toutes sortes d'ensembles français qui se réclamaient du jazz sous des appellations diverses : Alain Romans « et ses rythmes », Pierre Spiers « et sa musique douce », Yvonne Blanc et son « trio rythmique ». Ça avait l'apparence du jazz, le goût du jazz, mais ça n'en était pas.

J'aurais pu musicalement mal tourner, finir par croire que le jazz c'était ces formations parisiennes qui jouaient des standards new-yorkais sans inspiration, sans feeling. Ils « swinguaient comme la porte Champerret », ainsi que le disent entre eux les musiciens pour dénoncer « les autres », ceux qui n'ont aucun sens de ce qui constitue l'essence du jazz : l'improvisation, l'imagination, et surtout ce fameux « swing », cette alternance de temps forts et faibles qui génèrent cette « balance » sans laquelle le jazz, le vrai, n'existe pas.

Heureusement – toujours grâce à la radio – j'ai pu découvrir les originaux dont les Français n'étaient souvent que de pâles épigones. D'une certaine façon, je peux l'avouer maintenant : je suis un rescapé d'Yvonne Blanc ! Grâce aux émissions de « La voix de l'Amérique » et à l'achat de 78-tours, j'ai pu me familiariser avec les grands noms contemporains de mon adolescence : Charlie Parker, Bud Powell, Duke Ellington, Dizzy Gillespie, Lester Young, Thelonious Monk, Ella Fitzgerald... Ces quelques noms sont comme des marqueurs de mon auto-éducation jazzistique. Ils appartiennent à l'Olympe des jazzmen américains, ce qui n'est pas un pléonasme. Il existait – et existe toujours – une filière française et européenne de cette musique : Martial Solal, Stéphane Grappelli, René Urtrager, Jean-Luc Ponty, Michel Legrand, Raymond Fol, Sacha Distel : ces quelques « Hexagonaux » ont été, et certains sont toujours, recherchés par les artistes de New York, Los Angeles ou Chicago, et pas seulement comme « sidemen » – musiciens d'appoint –, mais partenaires à part entière. Autrement dit, le jazz est une musique du monde, même s'il est né aux États-Unis, dans différents creusets comme Kansas City, Memphis, Dallas, et pas exclusivement à la Nouvelle-Orléans, comme le ressasse depuis un siècle une légende tenace. Mais mon propos n'est pas de prendre la posture d'historien de la musique ; je vous renvoie pour cela à d'excellents ouvrages spécialisés qui rétablissent la vérité souvent méconnue. Simplement, j'aimerais vous faire partager une passion qui ne m'a pas lâchée depuis que j'ai pu en entendre les premières notes.

Ainsi que je l'ai évoqué rapidement au début de ce livre, le premier demi-queue Érard dans l'appartement familial m'a tout naturellement conduit vers le piano et les pianistes. J'écoutais tout ce qu'il était possible d'écouter en ces années d'apprentissage. Et pour essayer de reproduire plus ou moins maladroitement les disques de ceux que j'admirais, j'avais imaginé un « truc » tout bête consistant à passer les 78-tours à 45, les 45 à 33, et même les 33 à 16, car pendant quelques années les platines étaient équipées de quatre vitesses, avant que le « 16-tours » finisse par être abandonné. Cette écoute au ralenti me permettait de mieux saisir les traits souvent ultravéloces de Fats Waller, Nat King Cole, Earl Hines et autres adeptes de ce qu'en argot de musiciens on appelle « la pompe » : cette alternance de basses et d'accords plaqués le plus vite possible de la main gauche... En ce qui me concerne, j'avais plus souvent « le coup de pompe » que la pompe tout court, tant il était difficile et épuisant d'appréhender cette manière de jouer. J'ai rapidement compris que ces as du clavier avaient tous une solide formation classique : question technique, l'autodidactisme a ses limites ! Même si l'on se réfère sans cesse au seul autodidacte parmi les plus grands : Erroll Garner, légende du piano jazz et célèbre pour un procédé souvent copié par les amateurs dont je fais partie : un très léger retard de la main droite par rapport à la main gauche, ce qui confère à toutes ses improvisations un swing « renversant ».

Rapidement convaincu que je ne serai jamais le Garner français, ni même un pâle imitateur des maîtres du genre, je me suis résolu à tirer un trait sur une carrière pianistique. J'ai tout de même fait une brève expérience de semi-amateur (ou semi-professionnel) grâce au trio que j'avais formé avec quelques camarades étudiants (piano, basse, batterie), devenu par la suite un quatuor par l'adjonction d'un guitariste de grand talent, le seul à être passé professionnel et reconnu parmi les meilleurs de sa spécialité : Pierre Cullaz. Certes, nous n'étions pas les Ray Brown, Kenny Clarke et John Lewis [1] de l'université, mais il faut croire que nous n'étions pas si mauvais puisque les engagements se succédaient dans les hauts lieux du jazz de l'époque : *Le Chat qui pêche*, *Les Trois Maillets* ou *Le Caméléon* où, comme on dit, on « cachetonnait ». Ces petits cachets (des « comprimés », ricanaient les « pros », mieux rémunérés) m'ont permis de payer différentes chambres de bonne, de ne pas regarder à la dépense quand j'allais au *Champo* voir les classiques du cinéma et de financer l'achat d'un scooter (une vraie « Vespa », comme dans *Vacances romaines* avec Audrey Hepburn et Gregory Peck !). Mais je ne me faisais pas d'illusions : on faisait appel à nous quand on n'avait pas trouvé mieux, c'est-à-dire de « vrais » musiciens. Et ces « vrais » musiciens, je les fréquentais plus par l'écoute de leurs disques que par ma présence à leurs côtés... Quant aux très grands, j'étais de plus en plus fasciné par ce qu'ils arrivaient à faire avec un clavier de quatre-vingt-cinq touches, en particulier Art Tatum, sans doute le plus grand pianiste de jazz de tous les temps, pour ne pas dire

1. Respectivement contrebassiste, batteur, et pianiste du fameux Modern Jazz Quartet, dont le vibraphoniste était Milt Jackson.

l'un des plus grands pianistes tout court. Il a toujours été salué comme le plus grand aussi bien par les pianistes classiques tels Samson François, Philippe Entremont ou Wladimir Horowitz, que par ceux du jazz comme Herbie Hancock, Dave Brubeck ou Oscar Peterson. Différentes légendes couraient sur son compte : ainsi, tentait-on d'expliquer son incroyable vélocité par le fait qu'il s'était formé en écoutant des pianos mécaniques, sans se rendre compte que les rouleaux avaient été programmés par deux pianistes, l'un jouant la partie de main gauche, l'autre la partie de main droite : autrement dit, Art Tatum réalisait à deux mains ce que d'autres faisaient à quatre !

C'est du moins une thèse hasardée par un autre grand du clavier, Bill Evans, pour tenter d'élucider le mystère de cette énigmatique virtuosité... Quoi qu'il en soit, ce « père » de tous les pianistes – aveugle de surcroît – restera l'un de mes plus grands regrets : je n'ai jamais pu l'entendre autrement que sur disques. Je revois encore l'affiche annonçant son concert à la salle Pleyel, en 1955, puis annulé : Art Tatum venait de tomber malade. Il est mort en 1956 sans être jamais venu en France.

C'est sans doute mon seul regret. En effet, toutes celles et ceux que j'ai eu envie de voir et d'entendre sur scène, je les ai vus et entendus. Et pas seulement des pianistes : Count Basie, Duke Ellington, Lester Young, Miles Davis...

On le voit, la fonction de journaliste « culturel » n'est pas sans avantages : là où d'autres payent – parfois très cher – pour aller applaudir leurs artistes préférés, « nous autres », envoyés spéciaux sur le front de la culture, non seulement nous ne payons pas, mais en plus nous sommes payés pour cela ! J'énonce là une sorte de truisme, mais il en est qu'il faut sans cesse répéter, ne serait-ce que pour rappeler combien certains journalistes – dont je fais partie – sont privilégiés et vivent ainsi bien au-dessus de leurs moyens.

Je vous épargnerai la longue liste de tous ces artistes que j'ai pu admirer en scène, mais qu'on me permette néanmoins d'évoquer rapidement quelques-uns de ceux et celles que j'ai vus et revus. Quand le « travail » se confond avec le « plaisir », cela donne une arithmétique impressionnante : Stan Getz, trente fois ; Ella Fitzgerald, quarante fois ; Oscar Peterson, plus de cinquante fois. En ce qui concerne ce dernier, je n'ai jamais été loin de l'idolâtrie. J'assume et en suis même fier. Tant qu'à être unique membre d'un fan-club, mieux vaut l'être de celui de Peterson que de celui de Richard Clayderman ! Peterson, pianiste d'origine canadienne, a toujours subjugué les foules (dont je fais partie) par une puissance, un phrasé, une imagination inégalés depuis Art Tatum dont il s'est longtemps inspiré. Il faut ajouter à cela une humilité qui est le propre des très grands, comme en témoigne cette réponse qu'il me fit lors d'une des nombreuses interviews qu'il m'avait accordées. Je lui avais demandé pourquoi, avec son immense technique, il n'abordait pas le répertoire classique, en commençant, par exemple, avec le *Concerto en fa* de George Gershwin, compositeur qui s'est toujours tenu aux confins du jazz et du classique.

« Mais, me répondit-il, il faudrait que j'arrête tout ce que je fais actuellement et que je travaille ce concerto pendant cinq ans ! »

Je n'ai jamais oublié cette modestie – qui n'était pas feinte – chaque fois que je suis allé l'entendre, jusqu'à cette année 2005 où, au Palais des congrès, il nous est apparu diminué, fatigué, sans tonus : victime d'une attaque qui lui avait fait perdre l'usage du bras gauche, il ne pouvait plus se livrer à ses fulgurances, ses improvisations échevelées, ses traits à l'unisson des deux mains parcourant le clavier à vitesse supersonique. Sur le plan de la vélocité, il n'était plus que l'ombre de lui-même, mais le son était encore là. Nous sommes plusieurs à être sortis de la salle les larmes aux yeux. Qu'on me pardonne cet aveu. Normalement, l'émotion devrait être une affaire entre soi et soi ; je le pense d'autant plus qu'on assiste à une sorte « d'obligation d'émotion » qui contamine la plupart des shows télévisés : embrassades ostentatoires, sentiments affectés, retrouvailles lacrymogènes, tout est prétexte à « émotion » programmée, calibrée et ordonnée par les chauffeurs de salles... Tout cela ne fait que renforcer ma pudeur naturelle, ne donnant que plus de prix à des moments comme celui que je viens de décrire. Il en est certains que je garde pour moi, sauf peut-être, en 1975, cette soirée au Palladium de Londres où j'ai eu le privilège de compter parmi les spectateurs d'un concert exceptionnel. Ce soir-là, on a pu applaudir ce qu'il y avait de mieux dans ce qu'on pourrait appeler l'« Olympe du jazz » : Frank Sinatra, Sarah Vaughan et l'orchestre de Count Basie, réunis le temps d'un rêve (de jazz fan) réalisé.

Je pourrais en citer d'autres, mais aucun n'a atteint ce summum d'intensité et de bonheur pour les oreilles ainsi que le cœur de l'amateur que je suis resté. Et plutôt que de procéder à l'appel des souvenirs jazzistiques qui se bousculent dans ma mémoire auditive, je préfère paraphraser une formule célèbre du metteur en scène Stanley Donen parlant du cinéma : « Le jazz, c'est comme le sexe : quand c'est bon, c'est très bon ; et quand c'est moins bon, c'est encore bon ! »

11

De quelques festivals

J'ai fréquenté beaucoup de festivals, pareillement à n'importe quel confrère spécialisé, à cette différence près que, comme le disait Pierre Dac, j'ai toujours été « un spécialiste en tous genres »; cinéma, théâtre, musique, je suis sur tous les fronts. Ça n'a pas que des avantages : les véritables « spécialistes » du cinéma se demandent ce que vient faire à Cannes un journaliste qui va ensuite enchaîner sur Aix-en-Provence ou Salzbourg; les véritables « spécialistes » de la musique se demandent..., etc. Ça n'a pas que des inconvénients non plus : le fait d'être à la fois « dedans » et « dehors » permet un regard largement distancié.

Ce serait une grave erreur de croire que tous les festivaliers des médias se ressemblent. Question de look d'abord : le « Cannois » est obligatoirement en blanc et noir – si vous préférez, en smoking – une fois par jour, et se reconnaît à son teint livide dû à l'absence de sommeil : il commence tôt et finit tard. Il lui faut, en effet, se lever à six heures pour être bien placé à la séance de huit heures du matin afin de ne pas rater un chef-d'œuvre iranien qui a des chances d'avoir la Palme d'or. De même, doit-il se coucher vers trois heures du matin, car un « after » pouvant en cacher un autre, il doit aller de fête en fête pour espérer rencontrer dans une villa privée un agent américain qui lui obtiendra, avec un peu de chance, une interview du coiffeur de Sharon Stone. Bref, le festivalier cannois est fatigué et, donc, de mauvaise humeur.

Le festivalier avignonnais, lui, est de mauvaise humeur et cela le fatigue. S'il est de mauvaise humeur, c'est qu'Avignon n'est plus ce qu'il était. Cette judicieuse remarque se module selon la génération du ronchon festivalier : s'il est jeune, le Festival n'est plus ce qu'il était par rapport à celui de l'année dernière ; s'il est moins jeune, c'est par rapport à Jean Vilar, Gérard Philipe, Paul Puaux, qu'il a tous très bien connus.

Du côté de la musique, c'est un peu différent. Il arrive au festivalier-journaliste d'être de bonne humeur. Non pas parce que la musique adoucit etc., mais surtout il n'est pas trop débordé. À l'inverse de ses confrères du cinéma et du théâtre, il n'a pas grand-chose à faire dans la journée si ce n'est quelques rencontres, interviews entre deux répétitions, colloques facultatifs, « Masterclasses » aléatoires, et dégustation des produits locaux... « On est peinards jusqu'à vingt heures », m'a dit un jour un confrère blasé dont je tairai le nom par respect de la vie privée.

Une exception toutefois pour le Festival de Bayreuth dont la pratique relève plus du culte que de la culture. « On peut y aller à cheval, en voiture, en chemin de fer, mais on devrait s'y rendre à genoux », a proclamé Theodor Adorno à propos de ces grands-messes wagnériennes que j'ai eu la chance d'observer à l'époque Boulez-Chéreau. C'était pendant les années 1976-1980, quand Pierre Boulez au pupitre et Patrice Chéreau à la mise en scène avaient entrepris de dépoussiérer la *Tétralogie*, tant sur le plan scénographique que musical. Pour avoir assisté à *Siegfried* et au *Crépuscule des dieux*, il me revient que le chef français avait rééquilibré les timbres de l'orchestre : en particulier, il avait demandé et obtenu moins de puissance et de « violence » des pupitres de cuivres. En quelque sorte, il avait gommé le côté quelque peu guerrier de la partition ; comme l'a dit un critique de l'époque, il avait « démilitarisé » Wagner, au grand dam des puristes d'une certaine tradition qui avait inspiré à Woody Allen cette immortelle réplique dans *Meurtres mystérieux à Manhattan* : « Quand j'entends du Wagner, j'ai envie d'envahir la Pologne ! »

J'ai pu ainsi observer, sur place, la querelle des « pro » et « anti » Boulez-Chéreau : les premiers les acclamant au nom d'une modernité enfin exprimée, les seconds les conspuant au nom d'une tradition germanique bien conservatrice dont les tenants se demandaient comment on pouvait confier un tel « Graal » lyrique aux mains impies de Français, par définition légers et irresponsables... Et puis, au fur et à mesure que les représentations se déroulaient, les intégristes wagnerophiles perdaient du terrain et « l'équipe française » triomphait. Je l'ai constaté : les applaudissements duraient près d'une demi-heure à la fin du *Crépuscule*. Là-bas, tout est à l'échelle : les ouvrages durent plus de quatre heures, les entractes sont proportionnels : cinquante-cinq minutes pour le premier où l'on va retenir sa table et choisir son menu pour le dîner servi au cours du second entracte de la même durée. Le spectacle commence à seize heures, les invités arrivent une heure en avance pour voir et être vus, et ne pas rater les appels de trompes jouant un leitmotiv de l'ouvrage au balcon du Festspielhaus. Ainsi les invités sont en tenue de soirée à partir de deux heures de l'après-midi jusqu'à minuit, quand ils sortent de table. Car, après le « dîner » du deuxième entracte, il y a le « souper » d'après spectacle...

J'en aurai terminé avec Bayreuth en évoquant un épisode partagé avec tous les spectateurs du festival un après-midi d'août 1977, quand Patrice Chéreau a remplacé « au pied levé » – au sens propre du terme – le baryton René Kollo immobilisé par une entorse. Celui-ci chantait donc en coulisses, assis sur une chaise, avec sa jambe plâtrée, pendant que Patrice Chéreau mimait le rôle de Siegfried. Apportant un spectaculaire démenti à tous les anti-Chéreau qui lui reprochaient de ne pas connaître la partition, il a démontré qu'il la maîtrisait jusque dans les moindres détails : en quelque sorte, il avait inventé le « play-back-vivant » !

Salzbourg, c'est différent. D'abord, à l'inverse de Bayreuth, la ville est si belle qu'on peut « participer » au festival sans mettre les pieds au Festspielhaus, au Felsenreitschule (Manège des rochers), la salle Mozarteum et autres lieux festivaliers. De toute façon, comme a dit je ne sais plus quel poète :

« À Salzbourg, même les pierres chantent. » Alors, évidemment, pourquoi aller à l'opéra ? C'est ce que doivent se dire les dizaines de milliers de touristes envahissant chaque année les rues salzbourgeoises, en particulier, la Getreidgasse, là où se trouve la maison natale de Mozart. Faut-il rappeler que Mozart était musicien ? Oui, il faut ! Car lorsqu'on voit son effigie associée à la vente de saucisses, pâtisseries, cartes postales, accessoires automobiles, vestes tyroliennes ou produits d'entretien, on est en droit de se poser des questions sur la « valeur marchande » d'un génie dont on célèbre cette année 2006 le deux cent cinquantième anniversaire de sa naissance.

Pour certains ricaneurs cyniques, le Festival de Salzbourg serait tellement mieux s'il n'y avait cette pratique routinière et coûteuse des spectacles, concerts, opéras, etc. Grave erreur ! S'il n'y avait pas toutes ces représentations, il n'y aurait pas de spectateurs, et les spectateurs sont souvent eux-mêmes acteurs, acteurs de la comédie mondaine qu'ils se jouent et donnent à voir aux autres dans une compétition où le snobisme le dispute à l'ostentation des signes extérieurs de richesse. De tous les festivals, Salzbourg est sans doute le plus « friqué » au monde : qu'il s'agisse du prix des places pouvant atteindre cinq cents euros, du tarif des chambres dans l'hôtel où il « faut descendre » (le *Goldener Hirch*), dans lequel vous ne trouvez rien au-dessous de mille euros, en passant par les moyens de transport individuel (à défaut d'arriver en Roll's, se contenter d'une BMW est plutôt mal vu). Si Salzbourg n'a pas de prix, il a un coût.

Le festival comporte donc quelques rituels admis et pratiqués par cette société dont le pouvoir d'achat est souvent inversement proportionnel au degré de connaissance, d'oreille et de culture musicales. Parmi ces rituels, il en est un que je trouvais particulièrement ridicule : tous les spectateurs étaient priés de gagner leurs places bien avant le début du concert ou de l'opéra, et, au tout dernier moment, arrivaient pour occuper les deux derniers fauteuils restés vides, bien en évidence au milieu du parterre, Eliette von Karajan – épouse puis veuve du chef d'orchestre – accompagnée d'une personnalité salzbourgeoise. Et pas question d'arriver après elle, en traînant dans les foyers ! Les ouvreurs et ouvreuses avaient tôt fait de vous faire rentrer à l'intérieur de la salle... Un soir, mû par l'un de ces enfantillages attardés et un peu stupides que j'assume mais dont je ne suis pas fier pour autant, je me suis caché dans les toilettes du premier niveau pour arriver au dernier moment, quand tout le monde était assis – y compris Eliette von Karajan –, sous les regards courroucés de l'establishment festivalier se demandant qui pouvait bien être ce malappris qui ne respectait pas les codes sociomondains... On s'amuse comme on peut...

Parvenu à cet épisode, je sens déjà que des lecteurs, pourtant indulgents, se mettent à ronchonner : « Eh quoi ! C'est tout ce qu'il trouve à dire sur Salzbourg ? Et Mozart alors ? » Mozart bien sûr ! Mais que dire de plus en cette année 2006 où tout le monde a son idée sur le sujet : vivants ou morts, de Lily Kraus à Nikolaus Harnoncourt, en passant par Thomas Beecham, Riccardo Muti ou Richard Strauss, les plus grandes figures musicales se sont exprimées depuis 1756, année de naissance d'un compositeur qu'on a souvent réduit à ce pléonasme : le « divin Mozart »... Est-ce bien utile qu'à mon tour je m'oblige à y aller d'une formule bien sentie, d'un jugement à l'emporte-pièce, d'une exégèse – forcément – savante? On l'aura sans doute deviné dès le début de ce livre : je suis d'un naturel pudique et je me trouve mal à l'aise pour exprimer des émotions qui, au fond, n'intéressent pas grand monde. Je me vois mal tenter d'exprimer maladroitement ce que je ressens dès le début du *Vingtième concerto pour piano et orchestre en ré mineur*, dès les premières mesures avec le halètement syncopé des cordes avant l'entrée du piano... C'est du domaine de l'ineffable. Voilà pourquoi je préfère m'en tirer par des « pirouettes de pudeur » en recourant – un peu lâchement, j'en conviens – aux citations innombrables parmi lesquelles je privilégie cette formule que Louis Jouvet lance à Gaby Morlay sur un quai de la gare de Lyon-Perraches : « Mieux vaut se souvenir sur du Mozart que sur du Meyerbeer ! » C'est extrait du film *Un revenant*, de Christian Jacques.

Tous ceux qui, comme moi, ont eu la chance d'aller régulièrement à Sazbourg pendant une dizaine d'années, ont pu entendre et voir ce qu'il y a de meilleur au monde en matière d'opéras, de concerts d'orchestres, de musique de chambre et de récitals de solistes. Et tout cela pour une raison évidente, qui saute aux yeux et parfois aux oreilles : c'est la manifestation la plus riche du monde! On peut m'objecter que « l'art naît de contraintes », etc. Certes, mais quand on dispose d'une somme illimitée permettant de faire venir les plus grands chefs, instrumentistes ou chanteurs, lesquels ne sont pas tous des philanthropes, on admettra volontiers que l'art peut naître – et croître – « sous la contrainte » de l'argent... Comme aiment à le répéter les ricaneurs du festival : « Ce n'est pas difficile d'avoir des divas à Salzbourg : il suffit de se cacher derrière un impresario et d'imiter le cri du billet de cent dollars ! »

Une plaisanterie qu'on aurait pu aussi lancer à propos d'un autre festival, celui d'Évian, fondé par un homme à qui il faut rendre hommage : Robert Lasalle. Aujourd'hui retraité, il était le patron des hôtels, casino et golf d'une paisible station lacustre, plus connue par ses Accords que par sa musique. La musique, Robert Lasalle y était plutôt allergique, mais il avait compris, avant beaucoup d'autres, tout ce qu'elle peut apporter en terme « d'image » à un groupe essentiellement commercial. La vertu s'appuyant sur le vice ? Ou, si l'on préfère, le vice soutenant la vertu ? Quelle belle allégorie aurait pu peindre Puvis de Chavannes sur les murs de l'Hôtel Royal pour exprimer cet accouplement maintenant banalisé.

Que la musique serve de cache-sexe culturel à des activités moins glorieuses est devenu monnaie courante, mais en 1976, date de création du Festival d'Évian, il fallait être un précurser comme Lasalle pour y avoir pensé. D'ailleurs, quand Antoine Riboud, P-DG de BSN (puis de Danone) a racheté tout le domaine d'Évian avant d'évincer

Lasalle, il s'est bien gardé de supprimer le festival : il l'a simplement rebaptisé « Rencontres musicales », en a fait un remarquable outil de relations publiques et en a confié la direction artistique à Rostropovitch. « Rostro » – comme on l'appelle familièrement –, très grand violoncelliste, bon chef d'orchestre, a toujours su défendre les intérêts de la musique, et éventuellement les siens. Avec Antoine Riboud, il a su trouver un « partenaire » idéal, émerveillé de figurer dans le premier cercle d'amis d'une des plus grandes stars du classique. Les mauvaises langues prétendaient qu'à chaque embrassade « à la russe » prodiguée par « Rostro », cela faisait cent mille dollars de plus... Je n'en crois rien, mais toujours est-il que le budget des rencontres d'Évian s'est accru d'année en année, sous l'impulsion du violoncelliste persuadant son « ami Antoine » qu'il était un grand connaisseur, un musicien qui s'ignorait, un grand mécène : il était même allé jusqu'à lui confier le rôle du récitant dans *Pierre et le Loup* de Prokofiev ! Jamais Riboud n'avait été à pareille fête, et sa générosité s'en ressentait : d'ailleurs, les voisins de Rostro à Saint-Pétersbourg n'avaient-ils pas baptisé sa demeure « Château Danone » ?

Il n'empêche : là aussi j'ai conservé le souvenir de grands moments musicaux, même si les mélomanes y étaient moins nombreux que les patrons du CAC 40 et les figures politiques comme Giscard, Barre ou Kissinger, finissant par donner à la manifestation un faux air de mini-Davos avec (un peu) de musique.

Je n'aurai pas la naïveté de découvrir les relations – compliquées parfois – de l'art et de l'argent, de la culture et de la finance, des artistes et des mondains. Je n'aurai pas non plus l'hypocrisie d'affecter d'ignorer que « nous » en profitions aussi : « nous », c'est-à-dire les journalistes chargés de couvrir l'activité culturelle et qui, à ce titre, sommes amenés à séjourner à Cannes, Salzbourg, Aix-en-Provence, Deauville, Monte-Carlo, Vienne... Et pourquoi pas un Festival d'Hénin-Liétard, avais-je tenté de proposer – en vain – au cours de ces émissions décentralisées pour raisons « festivalières ». Je n'ai pas eu plus de succès en suggérant d'organiser un Festival des villes sans festival, ce qui n'a pas fait rire grand monde ; en tout cas pas les maires des quelque trente-huit mille communes de France, tous désireux d'avoir « leur » manifestation culturelle : après l'entretien d'une équipe de football, la création d'un musée des traditions locales et la fondation d'une médiathèque, le festival est censé assurer leur réélection.

Pour en terminer avec ce sujet, je voudrais rappeler une tentative, assez réussie, de subvertir la notion même de festival. Cela se passait il y a une vingtaine d'années, et le magazine que je présentais à France Inter s'en faisait régulièrement l'écho. Il ne s'agissait pas à proprement parler d'un festival, mais d'un congrès, le « congrès de banalyse », où – comme son intitulé le laissait supposer – il ne se passait rigoureusement rien. L'objet du congrès était le congrès lui-même. Le seul article du règlement intérieur interdisait toute activité. Et les congressistes se pliaient à cette règle à chacune de leurs retrouvailles dans la petite commune de Fades (authentique !). Si j'ai bonne mémoire, il me revient qu'un congressiste avait été lourdement sanctionné pour avoir enfreint le règlement : on l'avait surpris en train de lancer des cailloux sur la voie ferrée de la gare locale : autrement dit, pris en flagrant délit d'activité. Il fut, sur-le-champ, exclu du congrès et dut reprendre le premier train pour Paris, c'est-à-dire cinq jours plus tard...

Ce « congrès de banalyse », dans sa célébration du rien, reste pour moi un modèle de contre-festival. Comme aurait pu l'écrire Jean d'Ormesson en changeant une seule consonne d'un de ses titres : « C'était rien. »

12

Du tennis

On peut se demander ce que vient faire dans ces souvenirs d'homme de radio et de télé ce sport consistant en « échange de balles par-dessus un filet, à l'aide de raquettes, sur un terrain de dimension déterminée », puisque telle est la définition du dictionnaire. Après tout, même si j'ai beaucoup joué et joue toujours beaucoup, on ne peut pas dire que la petite notoriété dont je peux bénéficier doive quelque chose à une pratique relevant plus, à mon avis, du jeu que du sport. Il n'empêche : tennis et métier ont toujours cohabité harmonieusement au cours d'une carrière durant laquelle on ne sait pas toujours très bien où s'arrête le « travail » et où commence le « loisir ».

Certes, je ne suis pas un Federer de l'audiovisuel, ni même un Sampras ou un Agassi... En tant qu'amateur, je suis ce qu'on appelle « un joueur de château », c'est-à-dire quelqu'un qui ne fait pas de compétition. Le « joueur de château » que je suis a joué partout sauf dans les châteaux : grands clubs, petits clubs, courts privés. J'exerce un peu partout une pratique sportive acquise par cet autodidactisme que je revendique pour d'autres secteurs comme le piano, le journalisme et la vie en général. Je n'ai jamais pris une seule leçon de tennis. Mais, de même que j'ai écouté beaucoup de disques, j'ai regardé abondamment le tennis. Je ne veux pas dire par là que je suis un sportif de fauteuil postillonnant sur son écran plasma des encouragements chauvins du type : « Vas-y Grosjean ! » J'ai regardé des professeurs donnant à d'autres des leçons que mes parents n'avaient pas les moyens de me payer. « Plier les genoux, se tourner de côté, regarder la balle, serrer sa raquette... » J'étais devenu imbattable sur la théorie ; quant à la pratique, elle a commencé par celle du mur. Faire du mur, c'est ingrat, fastidieux, monotone, certes, mais il n'y a pas que des inconvénients. Le mur vous apprend la régularité, renforce vos réflexes et surtout, surtout, il ne parle pas : cela confère une nette supériorité sur les partenaires humains qui s'expriment, protestent, contestent et commentent, assurant parfois une sorte d'autoreportage sur leurs performances. Et s'il n'y avait que ça ! Mais non ! On n'aura garde d'oublier tous les rituels que vous inflige parfois celui qui va être de l'autre côté du filet : petits pas de côté pour « l'échauffement », fixation de serre-tête, serre-genoux, serre-poignet, serre-tout, étirements ostentatoires censés éviter claquages, tendinites, crampes, sans oublier le « tennis elbow », qui est au joueur de tennis ce que la « crampe de l'écrivain » est à l'écrivain. Car on ne joue pas au tennis impunément, chaque coup droit a son revers : légère lombalgie dans le meilleur des cas, et, dans le pire, sciatique, hernie discale et immobilisation prolongée. Compte tenu de ce qui précède, on aura pressenti que j'ai toujours préféré le « tennis plaisir » au tennis de compétition, lequel implique une inévitable obsession de la performance, la « perf » comme disent les vrais joueurs, en parlant de leur obsession tennistique les obligeant à gâcher leurs week-ends pour tenter de battre un « trente » à Villers-Cotterêts avant de se confronter à un « quinze-quatre » à Fontainebleau afin d'améliorer leur classement. À l'opposé, le « tennis plaisir » consiste à préférer être battu par un adversaire jouant beaucoup mieux que vous et qui vous fait bien jouer. Plutôt que de venir péniblement à bout d'un « crocodile » (un accrocheur, dans notre jargon) de même force que moi, mais me contraignant à jouer « pour gagner », j'ai toujours aimé mieux « jouer pour jouer ». Et quand j'emploie le verbe « jouer » c'est aussi dans son sens ludique : encore une fois, le tennis est plus un jeu qu'un sport, avec tout ce que cela implique de plaisanteries, vannes, rigolades ; une partie où l'on n'a pas ri est une partie où l'on n'a pas joué. C'est ce qu'ont parfaitement compris Yves Robert et Jean-Loup Dabadie avec *Un éléphant ça trompe énormément* dont le point de départ est, un peu, notre histoire. « Notre » parce que, de 1972 à 1975, les quatre partenaires se retrouvant chaque jeudi à midi au tennis couvert, à l'angle de l'avenue Mozart et de la rue de la Source, c'étaient (par ordre d'entrée en court) Gilles Jacob, actuel président du Festival de Cannes, à l'époque journaliste, Alain Sarde, producteur de films, Jean-Loup Dabadie, scénariste dialoguiste, « écrivain de cinéma » comme il se définit lui-même, et l'auteur de ces lignes. Pendant des semaines, Yves Robert est venu nous rejoindre : il s'asseyait sur la chaise d'arbitre et, pendant deux heures, nous regardait évoluer sur le court, sans dire un mot, simplement : « Au revoir messieurs » à la fin du match. Quelquefois, il nous suivait jusqu'au vestiaire dont on ne dira jamais assez combien cet « after », cet « après-match » est aussi important – voire parfois plus – que le match lui-même. Pour certains – à l'inverse de l'amour – c'est le meilleur moment... Dans tous les cas, Yves Robert avait parfaitement compris que le vestiaire, et les douches en particulier, sont la continuation de la partie par d'autres moyens. Il n'est que d'observer les regards, sourires en coin, mimiques diverses pour savoir qui a gagné et qui a perdu. Les gagnants ont la douche plus bruyante : ils s'attardent, chantonnent, s'ébrouent, alors que les perdants se douchent discrètement, de manière quasi furtive : tout juste s'ils ne s'excusent pas d'avoir perdu...

L'idée de départ du film était à la fois simple et forte : quand des quadragénaires (que nous étions alors) se retrouvent chaque semaine sur un court, ils se mettent en short : c'est comme s'ils portaient à nouveau des culottes courtes et redevenaient des enfants avec leur insouciance, leurs plaisanteries, et le goût du jeu. C'était bien ce qui nous caractérisait en ces années 1970 où souvent nous rations des balles faciles, sous l'emprise de fous rires incontrôlables. Ah ! nous étions loin d'être les épigones amateurs, des tennismen de la génération montante (sauf au filet!) au visage triste, renfrogné, ennuyé, et portant sur leur physionomie toute la misère d'un monde hostile. Ces « laboureurs de terre battue », aux échanges de fond de court interminables ont endormi des millions de téléspectateurs, au point que Jean-Loup Dabadie disait, assez justement, qu'un match opposant les deux tenants de ce tennis-là – Borg-Villas – c'était Sopo contre Rifique!

Nous, nous ne pensions qu'à une chose : s'amuser d'abord! Si, en plus, on parvenait à avoir quelques échanges pas trop nuls, c'était tant mieux. Mais cela ne nous empêchait pas d'essayer de maintenir un maximum d'équilibre entre la rigolade et le sport. Il faut bien l'avouer : nos plaisanteries – comme notre jeu – ne volaient pas très haut, et nous aurions bien voulu avoir les réparties que Jean-Loup Dabadie a mises dans la bouche de ses personnages : Claude Brasseur, Victor Lanoux et Jean Rochefort. Par exemple : « Tu fais un coup droit, puis un revers, et pour l'amortie, tu demandes l'autorisation! » Ou encore : « Et ce lob? Tu veux mon vélo pour aller le chercher? » J'ai souvent revu le film : mis à part la mode vestimentaire, il n'a pas « bougé ». Même si le tennis n'est que le point de départ d'une série d'intrigues d'amour et d'amitié, il n'empêche : en toute vanité, je ne suis pas peu fier d'avoir été l'un de la bande des quatre à l'origine d'une comédie qui a triomphé en salles, à la télévision, en cassettes et DVD depuis trois décennies!

On aura remarqué que je n'évoque ici que des matches en double, formations – hélas – peu diffusées à la télévision, toujours enfermée dans un simplisme binaire. Et pourtant, les vrais connaisseurs apprécient le double, que ce soit pour le pratiquer ou simplement le regarder. En double, un point n'est jamais gagné (ou jamais perdu), rien n'est prévisible, tout est spectaculaire. À l'inverse du simple, on laisse son ego au vestiaire : on joue – aussi – pour son adversaire, on construit un échange, on prépare le coup gagnant pour quelqu'un d'autre. Pardon de rappeler ces quelques évidences qui peuvent faire sourire les véritables connaisseurs, mais il n'est pas inutile d'informer les autres de cette lapalissade : en double, les joies du tennis sont multipliées par deux !

À ce sujet, qu'il me soit permis d'évoquer quelques souvenirs de matches « atypiques » que mon métier m'a amené à disputer ici et là. En effet, comme je l'ai déjà indiqué, la profession de journaliste a ceci de particulier que travail et loisirs n'ont pas de fronières bien précises, et, à ce titre, le besoin de « relationnel » nous amène sur d'autres terrains que celui du journaliste *stricto sensu*, en particulier les terrains de sport. C'est ainsi qu'étaient régulièrement organisés des « Pro-Am », autrement dit des rencontres réunissant des gloires (passées ou présentes) de la raquette et des amateurs ayant une certaine notoriété dans le domaine du spectacle, de la musique, de la communication, de la presse – surtout audiovisuelle. Voilà comment je me suis retrouvé, par une belle journée ensoleillée, sur un court en terre battue du Racing, à la Croix-Catelan, où un match opposait deux paires constituées d'un « pro » et d'une « crêpe » dans mon genre. Je ne me souviens plus du tout de mon partenaire ; en revanche, ce dont je me souviens parfaitement c'est d'avoir eu en face de moi Ken Rosewall, le grand Rosewall, figure légendaire du tennis mondial dans les années 1960. Bien entendu, malgré les efforts de mon partenaire « pro », nous nous sommes fait écraser. Mais tout de même, une fois – une seule fois – j'ai réussi à « passer » Rosewall le long de la ligne ! Je n'ai pas fini de le raconter : la preuve !

Une autre fois, toujours dans la même formation, j'étais associé à Pierre Barthes contre Ilie Nastase et Albert de Monaco. La rencontre se disputait sur le central du Club de Monte-Carlo, l'un des plus beaux du monde, avec un minipublic venu manifestement moins pour des raisons sportives que « people ». Cela concernait même l'arbitre, je devais m'en rendre compte dès les premiers jeux : quand nous les remportions, cet arbitre annonçait, comme il se doit : « Jeu Barthes Bouteiller » ; mais quand les gagnants étaient nos adversaires, il se contentait de dire : « Jeu Albert de Monaco ». Le manège a fini par énerver Nastase qui, bien sûr, assurait tous les points. Il a fini par crier de sa voix inimitable portant jusqu'aux derniers rangs des tribunes : « Et moi alors, à quoi je sers ? Je fais la sieste peut-être ? » Ayant ainsi dénoncé bruyamment la confusion entre arbitrage et courtisanerie, Nastase obtint satisfaction : le prince et lui furent nommés sur un pied d'égalité. D'ailleurs, ils nous ont battus.

Il m'est aussi arrivé d'être à la fois joueur et spectateur... de ce qui se passait sur le court d'à côté. C'était le cas au TCP (Tennis-Club de Paris), à la porte Saint-Cloud, où Jérôme Clément, tennisman acharné lui aussi, me fait l'amitié de m'inviter régulièrement. Ainsi ai-je pu voir Borotra et Leprince-Ringuet – tous deux déjà octogéraires – échanger des balles avec un bonheur évident. « On s'amuse bien, hein ? » lançait l'ancien champion au scientifique après quelques échanges sans doute moins rapides que ceux de Federer, mais ô combien plus émouvants. Si l'on peut jouer à quatre-vingt-cinq ans passés, c'est que le dieu du tennis existe...

J'en aurai terminé avec le sujet quand je vous aurai révélé une sorte de lassitude s'emparant non pas du joueur mais du téléspectateur que je suis. Avec le câble, le satellite, des tournois de plus en plus nombreux d'une part et, d'autre part, de moins en moins de joueurs, j'ai l'impression d'assister toujours à la même partie. Et ce n'est pas le discours des commentateurs qui me fera changer d'avis : comme dans d'autres domaines sportifs, les spécialistes du tennis à la télévision renient leur carte de presse et se transforment en supporters. Combien de fois ai-je entendu désigner le joueur français par son prénom et « l'autre » (l'étranger, pour être clair) par son nom, quand ce n'est pas sa nationalité (le Belge, l'Allemand, l'Américain...). Ajoutez à cela que, comme beaucoup d'amateurs appréciant surtout la beauté d'un sport et ne pratiquant pas la « préférence nationale », je suis un peu fatigué d'entendre des phrases du genre : « D'accord, Amélie Moresmo a perdu, mais elle a rempli son contrat... » Logiquement, il faudrait donc en conclure qu'Amélie Moresmo aurait signé un contrat par lequel elle s'engageait à perdre. Voilà une nouvelle approche du tennis à la télévision dont les commentateurs rivalisent d'explications pour excuser les mauvaises performances françaises : le vent ne soufflant que dans un seul sens, le soleil ne tapant que dans l'œil « national » et jamais dans celui de « l'étranger », le filet inexplicablement plus haut d'un côté que de l'autre, un arbitrage révoltant de partialité, ou un terrain plein de faux rebonds...

J'ai longtemps espéré qu'avec les progrès de la technique on pourrait avoir un canal son pour les commentaires et un autre pour l'ambiance : ce n'est pas toujours le cas. Aussi, permettez-moi d'éteindre la télé et d'aller me mettre en tenue.

13

Fin de partie

Au mois de mai 2004, j'ai eu l'occasion de dialoguer plusieurs fois avec l'un des hommes les plus intelligents que j'aie jamais rencontrés : Jean-Paul Cluzel. Je m'explique.

À ce moment-là, Jean-Marie Cavada, président de Radio France, démissionnait sans attendre la fin de son mandat pour se lancer – avec succès – dans une aventure électorale européenne. Pour le remplacer, le CSA a désigné Jean-Paul Cluzel, patron de RFI, inspecteur des finances – on serait tenté de dire – comme d'habitude. Et – comme d'habitude – le CSA avait décidé en toute souveraineté, imperméable aux pressions du pouvoir politique, lesquelles, d'ailleurs, n'existaient pas... Mais, tout de même, la presse de l'époque avait relevé une sorte de bizarrerie chronologique cadrant mal avec cette légendaire indépendance du CSA. Cluzel avait été nommé au terme d'une délibération le 12 mai. Or, il s'était fait accréditer – tout à fait officiellement – au Festival de Cannes, au titre de France Culture, dès le 8 mai ! Un tel sens de la divination force le respect, mais passons... et revenons à mon propos.

À peine nommé, le nouveau P-DG me fixe un premier rendez-vous – le 13 mai – où il me demande de préparer la grille de rentrée de France Musiques. Autrement dit, il me proposait de rester à mon poste, du moins le temps nécessaire pour élaborer cette grille et la mettre en application.

Le temps que je réfléchisse, un deuxième rendez-vous était pris, et, cette fois, on ne parlait plus de la rentrée... Je me souviens avoir entendu quelque chose comme : « J'ai des idées très précises sur France Musiques, il me faut quelqu'un pour les mettre en œuvre. J'ai donc besoin de votre poste. » Et, là-dessus, nous sommes convenus de nous revoir.

Ce qui fut fait au cours d'une troisième rencontre, où Cluzel me proposa de faire jouer mon « contrat de garde ». Le « contrat de garde » permet à un directeur issu de l'antenne de retrouver ses émissions lorsqu'il est mis fin à ses fonctions. C'est plus un usage qu'un contrat *stricto sensu*, mais un usage qui a toujours été respecté. J'en avais moi-même bénéficié lorsque j'avais été débarqué de la direction de France Inter. J'attendais donc des propositions sur ma future présence aux antennes de France Inter ou France Musiques, voire d'autres, quand un quatrième rendez-vous me fut proposé. Ce fut le dernier, et il fut bref, le temps pour le P-DG de me signifier une pure et simple mise à la retraite. C'est là que j'ai eu l'occasion de placer mon compliment : « Quatre rendez-vous, quatre discours différents ! Vous connaissez l'adage : “Il n'y a que les imbéciles qui ne changent pas d'avis.” Si c'est exact, alors, je me trouve en face d'une remarquable intelligence. » Curieusement, Cluzel n'a pas eu l'air d'apprécier ce témoignage d'admiration spontané auquel il aurait dû être sensible... Peut-être songeait-il à la formule d'Edgar Faure : « Ce n'est pas la girouette qui change, c'est le vent. »

« Quoi qu'il en soit », j'étais donc admis à faire valoir mes droits à la retraite, comme on dit : façon euphémique de dire qu'on a « atteint » l'âge de la retraite ; moi, j'avais plutôt l'impression d'être « atteint » par l'âge de la retraite : nuance ! La retraite, j'en avais entendu parler, en général, par des gens qui n'étaient pas encore retraités. Tous l'évoquaient avec un trémolo vocal communicatif, l'œil extatique, fixant un Graal enfin accessible, l'esprit envahi de toutes les perspectives radieuses qu'ouvrait cet état de grâce conquis au terme de plusieurs décennies de dur labeur. À les entendre, la retraite, c'est le moment de tous les possibles, le paradis retrouvé de tous les objets perdus (ou l'inverse...), et, à les en croire, j'allais enfin réaliser tous les rêves que j'avais dû chasser sous le fallacieux prétexte de faire du journalisme, de la radio, de la télévision et autres pertes de temps. C'est vrai au fond : comment ai-je pu perdre autant de temps à travailler ? Heureusement, la « vraie » vie allait pouvoir commencer avec ce doux mot de retraite dont je percevais toutes les harmoniques : liberté, disponibilité, temps retrouvé... et je me voyais déjà en train de créer des gîtes ruraux en plein Paris, suivre des stages de poterie sur la banquise, monter une médiathèque dans la forêt amazonienne, et, surtout, surtout, me lancer dans l'humanitaire, me réincarnant à la fois en frère Emmanuel, père Tereso, et fils caché de l'abbé Pierre. C'était sûrement très exaltant, mais je dus – hélas ! – renoncer à toutes ces félicités post-audiovisuelles, non seulement parce que, à l'évidence, la retraite est un emploi à plein temps, mais aussi parce que je ne sais rien faire d'autre qu'exercer mon métier. Exercer leur métier : c'est ce que font beaucoup de gens qui ne sont plus des « perdreaux de l'année » et qui continuent, sans que personne y trouve à redire : on peut diriger des orchestres comme Georges Prêtre à quatre-vingt-un ans, chanter et faire l'acteur comme Charles Aznavour à quatre-vingt-deux ans, être président du Sénat comme Christian Poncelet à soixante-dix-sept, ou même chef de l'État jusqu'à soixante-quinze ans et même après, puisqu'il n'y a pas de limite au nombre de mandats présidentiels. Bref ! Tout le monde a le droit d'exercer une activité sans cette date butoir que l'on appelle aussi la « retraite couperet » ; tout le monde sauf – apparemment – les professionnels de la radio et de la télévision, du moins aux yeux d'un inspecteur des finances nommé par amitiés politiques et qui, comme tous les amateurs fraîchement parachutés sur un poste de P-DG, se croit obligé d'entonner un couplet obligé sur le « jeunisme ». Ainsi, à peine installé à Radio France, il se plaignait de l'âge moyen des auditeurs des différentes stations du groupe ; autrement dit, il déplorait que ces mêmes auditeurs aient, à peu près, le même âge que lui... On a déjà vu dans d'un chapitre précédent ce que ce genre de politique éditoriale a pu donner, aussi bien dans le secteur privé que dans le service public. Et j'en dirais tout autant du « culte du vieillisme », si tant est qu'il existe.

Mais ce n'est pas tout, le nouveau P-DG multipliait les déclarations à différents journaux où il insistait sur le « nécessaire renouvellement des équipes », etc. Et, souvent questionné sur les évictions auxquelles il venait de procéder (Jean-Luc Hees, directeur de France Inter, était aussi viré), il répondait : « Un président de Radio France dialogue quotidiennement avec les responsables de chaînes ; il n'est pas anormal qu'il veuille une équipe avec laquelle il se sente en sympathie... Il faut une immédiateté dans la relation professionnelle que je n'aurais pas eue avec M. Hees. »

Si, selon les souhaits du nouveau P-DG, le départ de Jean-Luc Hees et le mien devaient se passer dans la discrétion, c'était raté. Les pages média des quotidiens, hebdos, ajoutées aux magazines spécialisés, revenaient régulièrement sur le sujet. Tout cela a fini par faire désordre, et *Le Canard enchaîné* du 2 juin 2004 le résume avec ce titre : « Le zèle de Cluzel énerve même l'Élysée. » Toujours d'après *Le Canard*, Jacques Chirac aurait déclaré : « Il est vraiment trop con, celui-là » en parlant du président nommé, en toute indépendance – on ne le rappellera jamais assez –, par le CSA.

Pour être complet, il faut ajouter que l'« affaire » suscita une interpellation à l'Assemblée nationale et une pétition. L'interpellation fut celle d'Arnaud Montebourg évoquant un « nettoyage politique » à Radio France. Quant à la pétition, lancée dans *Le Nouvel Observateur*, elle fut signée par cent vingt « personnalités du monde culturel » protestant contre ce qu'elles appelaient « la prise de Radio France ».

C'est bon pour l'ego, mais je ne me suis jamais fait beaucoup d'illusions sur l'utilité des pétitions, celle-là comme les autres. Même si on se sent moins seul ! Surtout lorsqu'on relève des noms d'artistes, musiciens, acteurs, écrivains, journalistes, cinéastes dont le soutien affiché vous « réchauffe le cœur » comme on dit dans ces moments-là. Cet appel n'a pas réussi à empêcher notre éviction – celle de Jean-Luc Hees et la mienne – mais on peut supposer qu'il en a évité d'autres. Devant tout ce tintamarre, en « haut lieu », on a sans doute demandé à Cluzel de se calmer et d'arrêter là la « chasse aux sorcières » qu'il avait vraisemblablement l'intention de continuer contre d'autres responsables de chaînes maintenus à leurs postes après notre départ. Certes, ils ont été virés à leur tour, parfois malgré des retournements de veste d'une rapidité qui forçait l'admiration, mais je persiste à croire que le tam-tam médiatique autour de notre départ les a « protégés », ne serait-ce qu'un an. Avoir été le saint-bernard involontaire de certains de mes homologues d'autres chaînes atténuait les sentiments que j'éprouvais au moment de franchir pour la dernière fois la porte « B » (côté Boulainvilliers) de cette maison où j'étais entré en octobre 1969. Ces sentiments, on me pardonnera de ne pas les décrire : pudeur oblige. Mais le lecteur aura sûrement compris que

– malgré la lucidité, le sens du relatif, le goût de la dérision – l'émotion était là. La relation de la maison avec ceux ou celles qui y travaillent n'est pas neutre, quels que soient les défauts, lourdeurs, pesanteurs, bizarreries de cette entreprise où des milliers de gens préfèrent travailler en gagnant trois fois moins que dans le secteur privé.

Pour ne pas céder à l'auto-attendrissement, je préférais sourire au paradoxe de la situation. Professionnel reconnu, ayant un bilan pas trop déshonorant tant à France Inter qu'à France Musiques, aussi bien sur le plan des audiences que celui des contenus – c'est du moins ce que l'on m'a dit –, j'étais donc évincé par un inspecteur des finances de passage venant d'inventer un nouveau concept : le limogeage pour cause de réussite. Il ne faut jamais désespérer des hauts fonctionnaires : c'est chez eux que se trouve l'innovation !

14

PPC

Bon ! Je raconte, je raconte... il serait peut-être temps de conclure. « Enfin ! » vont sourire ceux qui ont eu la patience de me lire jusqu'au bout en espérant apprendre à quoi peut ressembler un actif de la radio (et de la télé) qui a essayé de faire son travail pendant plusieurs décennies... « Comment, déjà ? » vont s'exclamer les autres, ceux qui n'auront pas lu le livre (je peux les comprendre) et qui seront passés directement de l'avant-propos à cette conclusion en forme de PPC, avec un sens du raccourci à la Coluche : « C'est l'histoire d'un type qui a fait de la radio... »

Cela valait-il de prendre mon temps, et aussi le vôtre ? C'est à vous de juger, de critiquer, de ricaner, voire d'apprécier – parfois. Mais, au moins, les lecteurs (j'espère qu'il y en aura plusieurs) sauront, je l'espère, me créditer de ma sincérité, fût-elle exprimée, sans doute maladroitement, par un homme qui écrit mais qui n'est pas écrivain.

En relisant les « épreuves » – si justement nommées – de cet ouvrage, je m'aperçois que j'ai souvent tenté de louvoyer entre deux postures :

celle de la fausse modestie, parfois symptôme d'un orgueil mal assumé et peu justifié, et celle du « chevalier blanc », incorruptible, régulièrement viré pour son franc-parler, ses refus d'obtempérer, sa capacité de résistance aux puissants, son impertinence chronique, son persiflage incurable, son indépendance pathologique, véritable don Quichotte de la liberté d'expression, etc.

Ce n'est – hélas ! – pas aussi simple. Et il m'est arrivé, comme à tous mes confrères, de peser le pour et le contre, d'apprécier l'intérêt d'une bonne négociation à une rupture brutale ; et si j'ai, parfois, dû faire certains compromis, j'espère n'être jamais tombé dans la compromission.

On l'aura compris, dans cet univers audiovisuel, ce sont les quarante premières années les plus difficiles. C'est l'avertissement que j'adresse aux jeunes générations se préparant à entrer dans une carrière dont, pour moi, le plus dur est fait. Je ne les envie pas ! Qu'on me comprenne bien : comme tout le monde, je préférerais avoir quelques années de moins ; mais, franchement, se lancer dans le journalisme audiovisuel à une époque où le surdiplômé – bac + 15 – est bien content d'avoir le droit de s'occuper de la machine à café ou de la photocopieuse : non merci !

Commencer une carrière à la fin des années 1950 était nettement plus facile que débuter au début des années 2 000 : c'est l'un des aspects d'une chance qui ne m'a jamais quitté – malgré d'innombrables déboires – et ne me quitte toujours pas. Et si j'ai un conseil – un seul – à donner aux plus jeunes, c'est celui-ci : « Ayez de la chance. Et un jour, un éditeur vous demandera de raconter vos souvenirs. »

Mais je m'aperçois que je suis toujours en train d'abuser de votre temps... Je vais donc terminer – promis, juré – avec une citation. Pourquoi ne pas profiter du talent des autres, surtout lorsqu'ils ne sont plus là pour se défendre ? J'avais d'abord pensé à la fameuse formule de Sartre pour, avec un peu de fatuité, envisager de me définir : « Un homme fait de tous les hommes, et qui les vaut tous, et que vaut n'importe qui. »

Et puis, constatant la dérive de l'audiovisuel envahi par le marketing, la marchandisation et le règne de l'argent (à l'exception de quelques rares chaînes dont Arte), je préfère une autre citation, moins sartrienne mais plus « réaliste » : « Et maintenant, une page de publicité. »

INDEX

Table

Cet ouvrage a été composé et imprimé par

FIRMIN DIDOT

GROUPE CPI

Mesnil-sur-l'Estrée

pour le compte des Éditions Robert Laffont
24, avenue Marceau, 75008 Paris
en février 2006

Imprimé en France

Dépôt légal : mars 2006
N° d'édition : 46510/01 – N° d'impression : 76177